和谐校园文化建设读本

走进古都

ZOUJINGUDU

赵从佚/编写

吉林教育出版社

图书在版编目(CIP)数据

走进古都 / 赵从佚编写. — 长春：吉林教育出版社，2012.6（2022.10重印）

（和谐校园文化建设读本）

ISBN 978-7-5383-8794-0

Ⅰ．①走… Ⅱ．①赵… Ⅲ．①首都－介绍－中国－青年读物②首都－介绍－中国－少年读物 Ⅳ．①K928.5-49

中国版本图书馆 CIP 数据核字(2012)第 116018 号

走进古都

ZOUJIN GUDU

赵从佚　编写

策划编辑　刘　军　　潘宏竹

责任编辑　尹曾花　　　　　　　　　　**装帧设计**　王洪义

出版　吉林教育出版社(长春市同志街 1991 号　邮编 130021)

发行　吉林教育出版社

印刷　北京一鑫印务有限责任公司

开本　710 毫米×1000 毫米　1/16　**印张**　10.5　**字数**　133

版次　2012 年 6 月第 1 版　　**印次**　2022 年 10 月第 3 次印刷

书号　ISBN 978-7-5383-8794-0

定价　39.80 元

编　委　会

主　　编：王世斌

执行主编：王保华

编委会成员：尹英俊　尹曾花　付晓霞

刘　军　刘桂琴　刘　静

张　瑜　庞　博　姜　磊

潘宏竹

（按姓氏笔画排序）

总序

千秋基业，教育为本；源浚流畅，本固枝荣。

什么是校园文化？所谓"文化"是人类所创造的精神财富的总和，如文学、艺术、教育、科学等。而"校园文化"是人类所创造的一切精神财富在校园中的集中体现。"和谐校园文化建设"，贵在和谐，重在建设。

建设和谐的校园文化，就是要改变僵化死板的教学模式，要引导学生走出教室，走进自然，了解社会，感悟人生，逐步读懂人生、自然、社会这三本大书。

深化教育改革，加快教育发展，构建和谐校园文化，"路漫漫其修远兮"，奋斗正未有穷期。和谐校园文化建设的研究课题重大，意义重要，内涵丰富，是教育工作的一个永恒主题。和谐校园文化建设的实施方向正确，重点突出，是教育思想的根本转变和教育运行机制的全面更新。

我们出版的这套《和谐校园文化建设读本》，既有理论上的阐释，又有实践中的总结；既有学科领域的有益探索，又有教学管理方面的经验提炼；既有声情并茂的童年感悟；又有惟妙惟肖的机智幽默；既有古代哲人的至理名言，又有现代大师的谆谆教诲；既有自然科学各个领域的有趣知识；又有社会科学各个方面的启迪与感悟。笔触所及，涵盖了家庭教育、学校教育和社会教育的各个侧面以及教育教学工作的各个环节，全书立意深邃，观念新异，内容翔实，切合实际。

我们深信：广大中小学师生经过不平凡的奋斗历程，必将沐浴着时代的春风，吸吮着改革的甘露，认真地总结过去，正确地审视现在，科学地规划未来，以崭新的姿态向和谐校园文化建设的更高目标迈进。

让和谐校园文化之花灿然怒放！

本书编委会

目 录

第一章　中国古都知多少

一、都城，王朝的心脏

都城指的是中国历史上统一王朝或者从全局范围看呈鼎立之势的大的政权的首都，又称都、国都、京都、京城、京师等。中国可以说是一个都城型的国家，都城在中国社会的发展中起着举足轻重的作用。都城既是某一王朝的政治中心，也往往是其经济中心和文化中心。因此，都城的命运往往就是王朝的命运，都城衰败、覆灭了，王朝也就衰败、覆灭了。

中国古代的都城往往具有以下几个特点：

第一，都城在一定的时期内是某一王朝多个领域的活动中心，包括政治中心、经济中心、文化中心、军事中心、交通中心、商业中心等。都城是王朝的政治中心，代表着它掌控着王朝的政治脉搏；都城是王朝的经济中心，代表着它控制着王朝的经济命脉；都城是王朝的文化中心，代表着它支配着王朝的灵魂；都城是王朝的军事中心，代表着它决定着王朝的安危；都城是王朝的交通中心，代表着它导引着王朝的经济命脉；都城是王朝的商业中心，代表着它交换着王朝的财富。

第二，都城是一个王朝的象征，无论是都城的选址，还是都城的设计建造，都不同于一般的城市，它代表着帝王权力的至高无上。

第三，都城是一个王朝在一定时期内最富有活力和创造力的地方。

二、古代帝王选择都城的原则

中国历代的统治者都会十分精心地选择自己的统治中心，穷尽全力建设王朝的都城。都城对于帝王和王朝来说，就是权力的归宿和威严的来源，都城的选择往往关系到王朝的命运，是否能够长治久安。古代都城要具备"天""地""人"三个要素。这里的"天"主要指自然气候条件，"地"主要是由地势、地缘、物产、水源、土壤肥力等组成的地理环境，"人"即各个民族之间的相互关系、每个政权内部的各种关系、人心的向背等等。在这三个方面均占优势的城市，往往会发展成为王朝的都城。

在都城的选址上，古代帝王往往考虑以下几方面的问题：

第一，要有适宜的温度和充足的水源。中国历史上比较稳定的都城都处于10℃这条等温线上，这条等温线所标示出的气候带是最适合人口密集的大都市存在的。另外，都城要有充足的水源，以满足众多人口生产和生活的用水需要。

第二，要地势平坦，有便利的交通运输条件，从而有利于物资的运输和政令的四达，所以历代的都城多位于平原、盆地等地区。

第三，要有险要的山川地势，在有外敌入侵时有利于战略防御，不为外敌摧毁，保证王朝的长治久安。如古都西安背靠秦岭，面临渭水，地势险要，有"金城千里"之称；洛阳有河岳山川之险，"形势甲于天下"；南京有"龙盘虎踞"之势；北京有"背山带海"的形胜等。

第四，要符合"择中"的原则。古代天子是至高无上的权力的象征，必须居于一国的中心，而都城是天子居住的地方，所以都城往往选择全国居中的地理位置。正如《吕氏春秋·慎势》中所说的："古之王者，择天下之中而立国，择国之中而立宫，择宫之中而立庙。"

第五，要有良好的经济环境。都城应建立在经济发达、物产富饶的地区，以维持统治集团的物质需要。我国早期的王朝的都城大多建在黄河中下游地区，这里土地资源丰富，农业生产发展得好，是当时经济最发达的地区。而商业经济、手工业经济发达的地区，也往往成为一些割据政权选择都城时的首选。

历史上任何政权都城位置的选择都不可能完全符合上述几个方面条件，而只能根据当时的主要矛盾，选择相对有利的地点，所以都城的选定往往反映该时期总的形势。

三、历代王朝都城知多少

中国历史上，出现过许许多多或大或小、或长或短、或统一或分裂、或汉族或少数民族的王朝政权。同一个政权在不同的时期，统治者会从维护统治的不同需要出发，选择不同的城市作为都城。这样，中国就成为世界上曾经拥有都城最多的国家。夏、商、周三代不断迁徙都城，建都的地方多达 30 余处。中国封建社会初期，在分分合合之中，都城迁移不定，秦、楚、赵、魏、韩以及其他诸多小国皆是如此。秦统一中国以后，封建社会形态趋于成熟，都城渐趋稳定，但迁都的实例仍不在少数，诸如汉、隋、唐、宋、元、明、清等，都有诸多迁都的事实，或者设置两京。中国奴隶社会历时 2000 多年，建都地点三四十个；中国封建社会历时 2000 多年，建都地点有几百个。中国历史上究竟有过多少个都城，相关专家对此的意见也不大一致，有的说 219 处，有的说 187 处，有的说 414 处。如果再包括一些王朝末期小朝廷所选定的"国都"和农民起义政权所建立的"国都"，那么这个数目更难以统计了。

走进古都　003

第二章 西安

——京兆长安创造汉唐鼎盛

一、古都概况

> 瞿塘峡口曲江头，万里风烟接素秋。
>
> 花萼夹城通御气，芙蓉小苑入边愁。
>
> 珠帘绣柱围黄鹄，锦缆牙墙起白鸥。
>
> 回首可怜歌舞地，秦中自古帝王州。
>
> ——（唐）杜甫《秋兴八首（其六）》

"诗圣"杜甫的这首诗描写了"安史之乱"后唐都长安的景象，诗中的"秦中"指的就是长安，也就是现在的古都西安。西安在历史上有多种名称，西周时称为丰京、镐京，秦时称为咸阳，西汉时称为长安，新莽、南北朝时称为常安，隋时称为大兴，唐至清末一直称为长安。

优越的气候条件和地理位置

西安有着优越的气候条件。西安位于北纬 34°线上，属于暖温带半湿润的季风气候区，雨量适中，四季分明，年最高气温在 40℃左右，年最低温度在 −8℃左右，无霜期平均为 219—233 天，年平均气温 13.6℃。

西安的地理位置也十分优越。西安位居关中平原中部。关中平原包括渭河中下游地区,南倚秦岭山脉,北临渭北山系,东部宽阔,有近200千米,逐渐向西减少为大约50千米宽;西起宝鸡以陇关为界,东至潼关以黄河和华山为限,东西约400千米(合800里),自古有"八百里秦川"之称。关中平原位于我国地形大势第二级阶梯黄土高原的东南部,雄踞黄河中游,对下游各地形成居高临下之势。另外,关中处于我国华北、西北、西南和中南几大地区的交界之地,位置十分重要。它西北通戎狄,西南连巴蜀,东北接三晋,东南达荆楚。《战国策·秦策》中载:"(关中)西有巴蜀、汉中之利,北有胡貉、代马之用,南有巫黔中之限,东有崤函之固;田肥美,民殷富,奋击百万;沃野千里,蓄积饶多,地势形便,此所谓天府,天下之雄国也。"关中平原的地势又十分险要,有利于抵御外敌入侵。关中平原东部濒临滔滔的黄河,其余三面则是被大山环峙。它的东南面有太白山、终南山、骊山、华山等峰峦构成的秦岭山脉,西面是高大的陇山,北面有梁山、黄龙山、岐山等构成的北山山系。只有函谷关一线开向东方,山川形势十分险要,历来有"金城千里""四塞以为固"之说。

悠悠八水绕长安

西汉文学家司马相如在著名的辞赋《上林赋》中写道:"君未睹夫巨丽也,独不闻天子之上林乎?左苍梧,右西极。丹水更其南,紫渊径其北。终始灞浐,出入泾渭;鄷(fēng)镐潦潏(yù),纡馀委蛇,经营乎其内。荡荡乎八川分流,相背而异态。"从此就有了"八水绕长安"的说法。八水指的是渭河、泾河、沣河、涝河、潏河、滈河、浐河、灞河八条河流,它们在西安城四周穿流,均属黄河水系。八水之中,渭河汇入黄河,而其他七水原本各自直接汇入渭河。然而由于时代变迁,浐河成为了灞河的支流;滈河成为潏河的支流,潏河与沣河的交汇。

渭河是黄河的最大支流，发源于甘肃省渭源县，在陕西省潼关县境内注入黄河，全长818千米，流域总面积约13.48万平方千米，年径流量约102亿立方米。渭河绕西安之北。

泾河是渭河的最大支流，干流发源于六盘山东麓宁夏回族自治区泾源县境内，在陕西省高陵县蒋王村附近汇入渭河，全长455千米，流域总面积约4.54万平方千米，年径流量约21.4亿立方米。泾河绕西安之北。

沣河发源于秦岭北麓的西安市长安区沣峪，流至咸阳市汇入渭河，全长82千米，流域总面积1460平方千米。据载，大禹曾经治理过沣河，西周的丰、镐二京就分别建在沣河西岸和东岸。秦咸阳、汉长安也位于沣河、渭河交汇处，汉、唐时的昆明池也是引沣河水形成的。沣河绕西安之西。

涝河古称潦水，源头有两条，东涝河发源于秦岭北麓的静峪垴，西涝河发源于秦岭梁，两河交汇后北流，最后北经咸阳流入渭河。涝河全长82千米，流域总面积663平方千米。涝河绕西安之西。

潏河发源于秦岭北麓的西安市长安区秦岭北坡的大峪。潏河在牛头寺附近分为两支，向北为㳪河，向西则与滈河合流汇入沣河。潏河全长67.2千米，流域总面积687平方千米。潏河绕西安之南。

滈河发源于西安市长安区石砭峪，与潏河在香积寺附近汇合后向西，在户县秦渡镇附近注入沣河，全长46千米，流域总面积292平方千米。滈河绕西安之南。

浐河发源于秦岭终南山东部蓝田县汤峪，是灞浐水系的最大支流，流经西安灞桥区广太庙附近注入灞河，全长70千米。浐河绕西安之东。

灞河发源于蓝田县灞源镇，全长92.6千米，流域面积2563.7平方千米。据史料记载，灞河原名滋水，春秋时秦穆公为了炫耀其霸业，改名为灞河。灞河绕西安之东。

周王朝原建都于西岐，属渭北高原，原高水深，用水困难。因此，大约在公元前 11 世纪，周文王（姬昌）将国都由西岐迁到了关中平原的沣河西岸，称丰京（今陕西省西安市西南）；周武王（姬发）灭商统一中国，又迁都镐京，位置在沣水的东岸。战国时秦国建都于雍（今陕西省凤翔县），也属渭北高原，用水困难；后来迁都栎阳（今陕西省临潼县武家屯一带），这里地势较高，又近盐卤之地，水质很差；商鞅变法后，秦孝公迁都于咸阳，临渭水建都，陆路和水路交通都很方便。到秦始皇时把市区向渭河以南扩展，著名的上林苑和阿房宫都兴建在渭河以南。汉代建都长安（在今陕西省西安市西北）。后因战乱，这里变得水质很差，不适合人居住。所以到了隋唐，城市迁到了沣河与灞河之间，真正形成了"八水绕长安"的格局，使隋唐长安城一直延续到今天的西安城。

长安八水除了保证长安的百姓生活用水和园林用水，同时也为关中平原提供了农业灌溉用水，使关中平原的土地十分肥沃，有"陆海"之称。

除了天然的水系以外，秦汉时期，关中地区掀起了一股兴修水利的高潮，先后修建了郑国渠、漕渠、龙首渠、六辅渠、白渠、成国渠、蒙笼渠等水利工程，在关中形成了一个规模宏大的灌溉网络，对关中农业的发展起到了极大的促进作用。其中尤以引泾河的水用于灌溉的郑国渠与白渠功能最为明显，当时的老百姓歌咏道："田于何所？池阳谷口。郑国在前，白渠在后。举锸如云，决渠如雨。泾水一石，其泥数斗。且溉且粪，长我禾黍。衣食京师，亿万之口。"这段话的意思是郑国渠和白渠既能灌溉，又有增肥之功，促进了农业的增产，满足了长安的粮食需求。

便捷的交通条件

西安市位居关中盆地的中部，处于关中四通八达水陆交通的枢纽位置。

古代渭河水量十分充足，沿西安至下游河段足够行驶大船，这为西安的水运提供了便利条件。

横贯关中东西的交通大道沿着渭水修建，这些道路在新石器时代已经出现。到了春秋时代，沿渭河沿岸向东出蒲津关的道路也已开辟。如此看来，西安不仅是控制关中东西干道的出口，而且也控制着东出蒲津通往三晋的道路。

沿灞河与丹水谷地东南行穿越秦岭的道路是沟通关中与荆楚的最便捷的通道，这条道路受地形限制，只能在灞河下游与函谷关道相交。可见东出函谷关与南下武关两条大道的交点也是确立长安城址的交通条件。关中平原可以控制东出函谷关、蒲津关，南下武关，西至岐雍的多条重要交通干线。秦统一全国以后，以这几条干线为基本框架，兴修驰道、直道，形成了以咸阳为中心的全国统一的交通网。

十三朝的繁盛铸就"世界历史名城"

由于拥有了以上几种优越的条件，历史上有多个王朝选择在西安建都。公元前 11 世纪，周文王和周武王分别在沣河两岸建立丰、镐二京，从此揭开了西安千年帝都的辉煌史。历史上曾有西周、秦、西汉、新莽、隋、唐六个统一王朝，前赵、前秦、后秦、西魏、北周五个割据政权及东汉献帝、西晋愍帝两个末代皇帝在这里建都。中国历史上的四个鼎盛时代周、秦、汉、唐均建都西安。西安有着 3100 多年的建城史和 1200 多年的建都史，是中国历史上建都朝代最多的古都之一，也是影响力最大的古都，同时是与雅典、罗马和开罗齐名的世界四大文明古都之一，1981 年被联合国教科文组织确定为"世界历史名城"。在公元前 195 年—公元 25 年、公元 582 年—公元 904 年的两段时间，即西汉和隋唐时期，西安都是世界上最大的都市，也是中国对外交流的中心。唐长安城是中国古代乃至世界史上最大的都城，在其发展的极盛阶段，一直占据着世界中心的地位，吸引了大批的外国使节与朝拜者的到来，"西罗马，东长安"是其在世界历史地位中的写照。西安是中华民族的摇篮、中华文明的发祥地、中华文化的代表，有着"天然历史博物馆"的美誉。西安的文物古迹种类之多、数量之大、价值之高，在全国首屈一指，许多是国内仅有、世界罕见的稀世珍宝，尤其是被誉为"世界八大奇迹"之一的秦始皇陵兵马俑，更是我国古代文化的瑰宝。西安，这座中国历史文化的首善之都，以世代传承的雍容儒雅，满腹经纶，博学智慧，大气恢弘，成为中国历史的底片、中国文化的名片和中国精神的芯片。

二、西周丰镐
——关中平原的"双子城"

公元前11世纪，周文王迁都丰邑，后来周武王又定都镐京，至公元前770年周平王迁都洛邑，近300年间，丰、镐二京一直是西周王朝政治、经济、文化的中心。西周丰镐是西安作为中国首都城市的开始，在中国古代都城发展史上占有重要地位。

文王作丰，武王治镐

丰镐是西周文王所建的丰京和武王所建的镐京的合称，位于今西安市长安区沣河两岸，两京以沣河为界，丰京在西，镐京在东。丰镐二京一河之隔，武王迁都镐京后，丰京并没有被废止，仍然有周王宗庙，历代天子常居住在丰京，在这里主持祭祀大典，处理国政，丰京仍享有都城的地位。由于两京前后相继，都有都城的功能，同时距离又很近，区域相连，所以经常被看作一个整体。

商朝末年，商纣王沉湎酒色，荒淫无道，致使朝纲败坏，人心涣散，而同时，周人的首领文王姬昌将自己的封地治理得日益强盛。周文王是一个务实能干的政治家，选贤任能，在姜尚等一批有才能的大臣辅佐下，许多部族纷纷归附，周人的势力范围得以扩大，已经可以与商朝抗衡。文王志在灭商，但他的都城在岐山下的周原，虽然富庶，但是距离商朝城殷过于遥远，显出鞭长莫及的困难。因此，周人问鼎中原的第一步，便是将都城往东推进。于是，周文王率军灭掉了位于今西安市南部的诸侯

周文王姬昌

国——崇国。灭掉崇国后，为了完成灭商的大业，文王决定迁都于丰。文王将丰邑作为都城，主要出于以下几方面的原因：

第一，丰邑处于崇国腹地，原来就是崇国国都，有崇国人经营的基础可以作为凭借。周文王利用丰邑原有的基础营造新的都城，不仅省时省力，而且有利于都城的发展。

第二，丰邑具有优越的地理位置，位于关中心脏，便于控制整个关中。对于周人来说，丰邑建立之时，关中也就是他们的全部疆土，丰邑这个中心点的意义也就更加突出。

第三，丰邑具有优越的自然条件。丰邑的地势在关中平原内最为平展，而且水网密集，不仅解决了城市生活用水的问题，而且有利于农业灌溉，再加上丰邑周围的土地十分肥沃，所以有利于农业的发展，从而促进都城的发展。

文王迁都丰邑以后，周实际上已经完成了对商都殷的战略包围。虽然周文王在迁都以后的第二年就去世了，灭商夙愿尚未实现，但是这并没有让周人伐商的脚步停下来。武王即位后，继续向外扩张，使周人的势力以渭河流域为中心，向东发展到今山西省南部、河南省西部，向东南发展到汉水流域，势力步步进逼商都。

公元前 1046 年，周武王联合各地诸侯，统率兵车 300 乘、勇士 3000 名、甲兵 45000 名，讨伐纣王。双方军队会战于牧野。商军中不堪压迫的奴隶兵，阵前倒戈起义，导致商军大败，纣王自焚。随后，周武王根据占卜的结果，决定再建新都镐京。

镐京与原来的丰京相距很近，实际上紧密相连。丰京虽然有着多方面的优势，作为小国都城非常适宜，然而当周国壮大以后，这样一座小城就难以显示周人的声威了。丰京四周的范围过于狭小，它的东西两侧分别被沣河和灵沼河所限定，南面是终南山，北面则是渭河。在这样狭小的范围内，丰京实在难以进一步发展。而且丰京的地势又较低洼，易受沣水泛滥的威胁。

周武王姬发

相比之下，沣河东岸的镐地更有利于西周势力的发展。镐京的地势较高，"镐"的本字就是"高"，"镐池"也就是"高池"，"镐京"也就是"高京"。由于沣水东岸地势高，又不像丰京周围那样狭小，所以西周的统治者要想向外拓展京城，也只能向镐地延伸。此外，镐京在沣水东岸，东出幽谷、渭北两道相交接的渭河渡口和武关道也比丰京更为便利。因此，在地势开阔、平畴沃野的沣河东岸建立镐京，既可创建新都，又可继续使用原来的丰京，壮大周的国威。

武王在镐京宣布西周王朝的建立，分封诸侯，设立礼制，建立宗庙，拉开了西周历史的帷幕，中国历史上迎来了第一个盛世。

丰镐"双子城"的布局及其作用

丰京和镐京虽然是两座不同的城市，但它们之间实际上只隔着一条沣河，两者如同一个城市的两个部分，被称为"双子之城"。丰京和镐京在西周的政治、经济等方面都发挥着重要作用。

1. 丰京

丰京位于沣水西岸,因沣水而得名。丰京东靠沣河,西达灵沼河,南至鲁坡头村与石榴村,北及郿鄠岭岗地北缘,包括今长安区客省庄、张家坡、马村、大原、曹家寨、新旺村、冯村、石榴村在内,面积约在 8—10 平方千米。这一地区四面环水,南北狭长,区域相对比较封闭。

据考古人员推断,丰京的中心区域可能位于今客省庄、马王村一带。在这个区域,考古人员发现了一系列大规模的建筑群,应该是王室宫殿或是宗教建筑。

在马王村以南和曹家寨一带,还发现有一些制作骨器、烧制陶器、铸造青铜器的作坊。这些手工业作坊都与四周建筑群密切相关,隶属于西周王室或高级贵族。初步可以推测这一区域应该是西周王室、贵族的宫殿、宗庙区。

丰京南部的新旺村、冯村一带,地势较高,在这里曾经多次出土大型的青铜器,使用这些贵重青铜器的主人应是等级较高的贵族,因而这里可能是西周宗室贵族的居住区。

丰京的墓葬区主要分布在今张家坡、大原村一带,这一地区已经发掘出西周不同时期的墓葬 3000 多座。

在丰京周围,还有周王渔猎游玩的场所——苑囿。根据孟子的说法,周文王的苑囿方圆 70 里(约合 850 平方千米)左右,《诗经》将它称为"灵囿"。当时灵囿内草木繁茂,獐鹿成群。苑囿内还有水池称为"灵池",池中有很多游鱼,池边有很多水鸟,既是游玩的佳境,也是渔猎的理想场所。此外,在灵囿内还建有"灵台",也具有观赏游览的作用。据记载,灵台高约 4.6 米,面积约 2.8 万平方米,是一座巍峨的建筑。

周武王建都镐京后,丰京并没有废弃,在西周统治的 200 多年间,丰京在一定程度上和镐京一起发挥着西周王朝国都的作用。丰京建有西周王室的宗庙和王室成员的住宅，所以在这里经常举行祭祀活动。每逢大事，各代周王都要步行到丰京祭祖。另外，各代周王也在丰京处理一些国家大事。在西周青铜器的铭文中，记录了西周时周天子经常在丰京举行政治、宗教、文化的活动。由此可见，丰京在西周的地位仍然很重要。

2. 镐京

镐京，得名于滈池或滈水。镐京大体位于今沣河东岸的长安区斗门镇一带，西临沣水，北界滮池，南部为汉唐昆明池所毁，东至北丰镐村。镐京的中心区域大概在今普渡村、落水村一带，考古人员在这个区域发掘出一座规模宏大的建筑群，应该是西周时期的宫室建筑或宗庙建筑。

在斗门镇南侧和下泉北村，均发现一些西周铜器，估计这两处应该是西周贵族居住的地方。普渡村东南和花园村以东较高的岗地上则分布着比较密集的族葬墓地，这里应是西周贵族的墓葬区。

与丰京相比，镐京都城的政治功能非常明显，城区内主要建筑多为王室宫殿、贵族住宅和一些宗庙建筑。西周王朝以此为基础，对全国进行统治。镐京作为西周首都，是历代周天子居住的地方，也是周王册命诸侯、赏赐群臣、进行各种行政活动的中心。西周统治者在镐京设有一套中央政权官僚机构，来行使对全国的统治。西周王朝在这里通过推行"分封制""宗法制"等一系列的管理方式和手段，同时制定了一些典章礼乐制度，并大力宣传"敬天""保民"的思想，使我国奴隶社会在此时达到了鼎盛时期。

镐京的军事功能强大，据西周禹鼎铭文记载，西周王室在西土保持一支常备军队，被称为"西六师"。这支军队由周王直接辖制，驻扎在镐京附近，守卫京师。

据西周金文资料可知，镐京内设有太庙、穆庙等重要建筑，历代天子经常在此举行重大的祭祀和各种礼制活动，比如祭天告祖等。镐京的宗教祭祀功能更说明了镐京在西周时代的中枢领导地位。

国人暴动撼两京

西周建都丰镐以后，开始的一段时期，政治还比较清明，统治也相对稳定。周成王、周康王之后，社会矛盾开始激化。到周昭王、周穆王时期，由于贵族内部的分化现象越来越严重，许多失势的贵族和贫困的士阶层，社会地位不断下降，也在城中与一般平民杂处，成为"国人（指居住在丰镐城内以及城郊的周朝国民）"的组成部分。另外，在"国人"中还有百工、商贾等工商业者以及社会的下层群众。

西周的土地基本制度是"井田制"，将方圆900亩的田地分割成九块，每块100亩、排成"井"字形。中央一块田地由大家合耕，收获归国家所有，为公田；其余八块收获物归各家所有，为私田。井田制下受田的人，平时向授予者交纳贡赋，战时有服兵役的义务。天子是最高的土地所有者，有权向每一位生活在土地上的贵族和庶民取得贡赋，有权向接收土地者收回土地。到周夷王时，随着私田的不断开发，西周的井田制度遭到破坏。国人为了交纳连年战争带来的沉重赋税，不断依靠从山林湖泽捕鱼、打猎获利，这都对西周朝廷的经济收入造成了巨大的威胁。

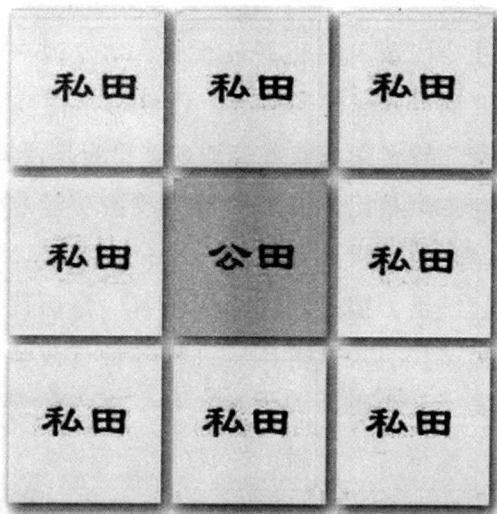

为了改变朝廷的经济状况，周厉王登基以后，开始实行"专利"政策，将山林湖泽改由天子直接控制，不准国人进入谋生。国人对此非常不满，怨声载道。大臣召穆公进谏说："百姓的负担实在太重了，简直活不下去了!"周厉王并没有听从他的进谏,还命令巫师用巫术严密监视国人,禁止国人谈论国事,违者格杀勿论。

在周厉王的高压政策下,国人不敢在公开场合议论朝政,在路上碰到熟人,也不敢交谈、打招呼,只用眼色示意一下,然后匆匆地走开,这就是成语"道路以目"的由来。

周厉王的高压政策,进一步激化了社会矛盾。公元前841年,因不满周厉王的暴政,镐京的"国人"集结起来,手持棍棒、农具,围攻王宫,要杀周厉王。周厉王下令调兵遣将。臣下回答说:"我们周朝寓兵于国人,国人就是兵,兵就是国人。国人都暴动了,还能调集谁呢?"于是,周厉王只好带领亲信逃离镐京,沿渭水河岸,一直逃到彘(今山西省霍州市),并于公元前828年病死于该地。

国人攻进王宫,没有找到周厉王,便转而寻找太子姬静。召穆公将姬静藏了起来。国人围住召穆公家,要召穆公交出太子。召穆公用自己的儿子冒充太子,结果国人将召穆公的儿子当作太子杀死了。

在大臣周定公、召穆公的劝解下,国人平息了一些怨恨,纷纷离去。此时朝中无人主持政事,周定公和召穆公根据贵族们的推举,暂时代理政事,重要政务由六卿合议。这种政体,称为共和,史称"周召共和"或"共和行政"。

《史记》一书于公元前841年(共和元年)开始记年记事,因此这一年被视为中国历史有确切纪年的开始。

"国人暴动"是我国历史上第一次大规模的群众斗争运动,它大大动摇了西周王朝的统治,直接导致了周王室日趋衰微,逐步出现了分崩离析的局面。

三、秦都咸阳

——一统天下帝王都

战国末期，地处关中的秦国通过"商鞅变法"，逐渐强大起来。公元前350年，秦孝公将都城迁到咸阳，为争霸中原作好了准备。从公元前230年灭韩开始，至公元前221年灭齐为止，秦国经过10年的征战，逐渐统一了六国，结束了春秋战国以来诸侯割据混战的局面。公元前221年，秦王嬴政建立秦朝，称始皇帝，秦都咸阳也就成了一统天下的帝王之都。

秦都咸阳最初兴建于渭水之北，后来扩展到渭河南岸今西安地区，形成"渭水贯都"的宏大规模。自秦孝公迁都至秦亡，咸阳作为秦朝的都城，共经历了9位君主，合计144年。这期间，咸阳发生过许多惊心动魄的重大事件，尤其是秦始皇以咸阳为指挥中心，扫灭六国，统一天下，使之成为我国第一个大一统帝国秦王朝的都城，并在这里制定了一整套完备的中央集权制度，影响深远。

秦都咸阳上承西周丰镐，下启西汉长安，是西安都城发展链条中重要的一个环节，在中国古代都城发展史上也占有特殊的位置。

横跨渭河建王都

自公元前350年秦孝公迁都至公元前206年项羽火焚阿房宫，秦都咸阳经历了从战国时期的秦国到统一天下的秦帝国这两大时代。各时代的秦国统治者都对咸阳进行了扩建，加上秦孝公时商鞅的创建，秦都咸阳的建设过程共分成三大阶段，最后形成"渭水贯都""横桥南渡"的宏大规模。

咸阳最初兴建于今咸阳市东渭城区窑店镇，位于渭水北岸与九嵕山的南面。秦都咸阳最初是由中国历史上著名的变法改革家商鞅主持营建的。商鞅初建的咸阳宫廷，后来被称作咸阳宫，位于渭河北岸。从考古人员发掘出的冀阙、咸阳宫两大主体建筑遗址的特征来看，咸阳城从兴建之初就显示出不同于一般宫室建筑的气魄。

随着秦国东进的步伐，秦都咸阳也开始跨越渭河，向南扩展。渭河以南地面开阔，交通便利，风景优美，营建大都市的自然地理条件超过渭北。

秦昭王时，渭水南岸的宫室建筑已粗具规模，兴乐宫、甘泉宫、章台、诸庙、苑囿等秦王室重要建筑落成，同时建有渭河大桥连接两岸，基本形成《史记·秦始皇本纪》所载的"诸庙、章台、上林皆在渭南"的咸阳城市布局。

秦王嬴政在统一六国的过程中，将各国都城都各自按照原样建在了渭河北岸，这使得当时咸阳城北原上，宫殿林立，金碧辉煌，廊道相连，互为畅通。统一六国后，秦始皇为夸耀自己的功绩，对首都咸阳进行了更大规模的扩建，在渭河南北两岸扩建旧宫，营建新殿，使首都咸阳的城市规模盛况空前。他先是下令修建了信宫（极庙），最后甚至决定把皇宫从渭北迁出，在渭南上林苑中兴建新的施政中心——朝宫（阿房宫）。

随着渭南章台、兴乐宫、甘泉宫，尤其是阿房宫这样的宫殿与昭王庙、极庙等礼制性建筑的兴修，渭南已经被视作都城咸阳不可分割的一部分。这标志着秦都咸阳已经横跨渭河南北两岸。

依法天象筑宫庙

古人相信有天神的存在，封建帝王更是以天子自居，因此秦王朝的统治者在皇宫建筑上也极力追求与天庭同样构造。秦始皇首先对咸阳宫进行了大规模的改造，使之富丽堂皇，气势非凡，以象征天帝的紫微宫。这也是后世将宫城称为"紫禁城"的缘由。由于这样的改造受到旧城格局的限制较多，难以尽情施展，因此，秦始皇又将新都建设的重点移到了渭南。秦始皇即位的第二年，就在渭南兴建信宫和甘泉前殿，并将渭南信宫改为极庙，象征天极，又打算将其移入正在兴建中的规模庞大的阿房宫。

秦始皇把自己居住的宫殿比作天帝的紫微宫与营室，渭河象征"天汉"，横桥象征"阁道"，从阿房宫出发到渭北的咸阳宫，就像天帝从紫微宫出来，经过阁道六星，横渡天河，直达营室星一样。将咸阳周围各宫比拟为星辰，形成分别以咸阳宫和阿房宫为中心的横跨渭河的两组庞大宫城群，这样，秦都咸阳的布局呈现出一副壮丽而烂漫的景色。每年十月，天象恰好与咸阳城的布局完全吻合。此时天上的银河与地上的渭水相互重叠，渭河两岸的众多宫殿交相辉映，横桥犹如鹊桥，使牛郎织女得以团聚，使人仿佛置身于天宫与人间一体的奇妙世界。这种依法天象的布局充分显示出统一天下的秦帝国希望与日月同辉，与天地同在的绝世风范。

秦都的城市布局

战国和秦朝时期都城中居民聚居的基本单位叫"里"。秦都咸阳的里多达40多个，如屈里、完里、右里、泾里、当柳里、东里、阳安里、沙寿里、新安里等等，多分布在北阪宫殿区，南至渭河之间，构成秦咸阳手工业作坊与居民居住区。

秦都咸阳已经发现多处手工业作坊遗址，涉及的行业有冶铜、铸铁、砖瓦、陶器和骨器制作。这些手工业作坊多位于渭北咸阳城区范围，其中一处位于兰池宫附近，其余绝大多数分布在北阪宫殿区的西部和西南部。秦都咸阳的手工业基本分为中央、市政和民营三大系统，它们不但生产的产品有所不同，而且分布地区也不一样。中央官署控制的手工业主要包括冶铜、铸铁和宫廷建筑材料砖瓦等行业，分布在宫殿区的附近，主要在宫殿区西部。市府和民营手工业作坊，基本聚集于一处，主要分布在秦都咸阳渭北区的西南。这里的手工业生产以民营为主，官办手工业所占比例不大，大概市井官署的主要职能是管理城内的工商业，生产是其次要任务。在这个区域内，还分布着数以百计的水井和多处地下排水管道，这说明了秦时民营与官办性质的制陶手工业也已经达到相当大的规模。

随着秦国商业的发展，献公七年（前378年），正式开始设置市肆及市亭管理机构，建立了市井制度。到秦帝国时代，秦都咸阳的商业得到较大的发展，市场贸易繁盛。"市"在秦都咸阳的作用，除了交易商品，互通有无，供应城内居民日常生活必需品、生产工具与贵族官僚们所用的奢侈品外，还有两个较大的功能：一是官府行刑之地；二是权贵们造声势、兴舆论的重要场所，这也是利用都城居民多集于市的特点。

离宫是帝王正式宫殿之外临时居住的宫室，主要是皇家出外游乐时住宿的地方，取"从正式宫殿中分离出来"之义。位于秦都咸阳郊区的离宫别馆很多，有遗址可考的有望夷宫、宜春宫、长杨宫、芷阳宫。秦昭王时代，秦已有五苑。秦二世元年（前209年）十一月，秦二世修建了兔园。秦代的苑囿多分布在秦都咸阳西南郊的渭河以南与秦岭之间，因为这个区域自然条件良好，而且与都城距离较近，便于行围打猎。秦苑囿主要用于帝王射猎取乐及士兵骑射练武，由于其环境优雅宁静，也经常成为帝王斋戒敬神的地方。

唐代著名诗人杜牧在《阿房宫赋》中描绘了阿房宫这座秦代宫殿的盛状。秦始皇在消灭六国统一全国以后，在都城咸阳大兴土木，建宫筑殿，其中所建宫殿规模最大的就是阿房宫。取"阿房宫"这一名称的原因是因为它距离咸阳老城不远，即"附近的宫"的意思。

据《史记·秦始皇本纪》记载，秦始皇三十五年（前212年），始皇帝嫌渭北咸阳宫太小，于是开始在渭南上林苑中动工营建一座规模更为宏伟的群体建筑，并决定建成后将其作为新的朝宫，来体现统一的秦帝国的非凡气魄。

古人描绘的阿房宫

阿房宫已建成的部分东西长 2000 多米，南北宽 1300 多米。其中前殿东西长 600 多米，南北宽 110 多米，上面可以坐万人。宫前立有 12 座铜人，各重约 6 万千克，用磁石做大门，以防有人私带兵器入宫。正是因为阿房宫的规模如此宏大，再加上当时没有机械化的运输设备和工程设备，全靠人力来完成，所以尽管秦始皇调集了 70 多万民夫用了 4 年时间，直到他死时，阿房宫也还只是完成了一部分前期工程。由于秦二世胡亥调修建阿房宫的工匠去修建秦始皇陵，阿房宫一度停工。到了秦二世元年（前 209 年）四月，秦二世下令继续修建阿房宫，但工程还没有进行多久，秦王朝就覆灭了。由此，阿房宫成为了一座没有竣工的"天下第一宫"。

神秘地下迷宫沉睡千年勇士
——秦始皇陵与兵马俑

秦王扫六合，虎视何雄哉！

挥剑决浮云，诸侯尽西来。

明断自天启，大略驾群才。

收兵铸金人，函谷正东开。

铭功会稽岭，骋望琅琊台。

刑徒七十万，起土骊山隈。

　　这几句诗出自"诗仙"李白的《古风五十九首》中的第三首，不仅讴歌了秦始皇的辉煌业绩，还描述了营造位于骊山的秦始皇陵墓工程的浩大气势。秦始皇陵是中国历史上第一个皇帝陵园，也是世界上规模最大、结构最奇特、内涵最丰富的帝王陵墓之一。1987 年，联合国教科文组织，把秦始皇陵列入世界文化遗产保护目录。

　　秦始皇嬴政从 13 岁即位时就开始营建陵园，由丞相李斯主持规划设计，大将章邯监工。陵园工程修造了 39 年，直至秦始皇临死之际尚未竣工，二世皇帝胡亥继位，接着又修建了一年多才基本完工。纵观陵园工程，前后可分为三个施工阶段。自秦王即位开始到统一全国的 26 年为陵园工程的初期阶段。这一阶段先后展开了陵园工程的设计和主体工程的施工，初步奠定了陵园工程的规模和基本格局。从统一全国到秦始皇三十五年（前 212 年），历时 9 年，当为陵园工程的大规模修建时期。最多有数十万囚徒进行大规模的修建，基本完成了陵园的主体工程。自秦始皇三十五年（前 212 年）到秦二世二年（前 208 年）冬，历时 3 年多，为工程的最后阶段。这一阶段主要从事陵园的收尾工程与覆土任务。尽管陵墓工程历时如此之久，整个工程仍然没有最后竣工。当时爆发了一次波澜壮阔的农民大起义——大泽乡陈胜、吴广起义。陈胜、吴广的部下周文率兵迅速打到了距陵园仅数里的戏水（今陕西省西安市临潼区新丰镇附近）。面临大军压境、威逼咸阳之势，秦二世不得不让章邯率领修陵大军回击周文的起义军。至此尚未完全竣工的陵园工程才不得不中止。

　　秦始皇陵工程之浩大、气魄之宏伟、陪葬品之丰富，居历代帝王陵之首。秦始皇陵南依层层叠嶂、山林葱郁的骊山，北临透迤曲转、似银蛇横卧的渭水之滨。高大的封冢在巍巍峰峦环抱之中与骊山浑然一体，景色优美，环境独秀。陵园仿照秦国都城咸阳的布局建造，大体呈"回"字形。整座陵区总面积为56.25平方千米，陵墓周围筑有内外城墙，陵园内城墙周长3870米，外城墙周长6210米，陵区内目前探明的大型地面建筑为寝殿、便殿、园寺墙吏舍等遗址。据史料记载，秦始皇陵陵区分陵园区和从葬区两部分。

皇陵中有众多的陪葬物，包括兵马俑、铜车马、百戏俑、文官俑以及陪葬墓等，其中最著名的当属兵马俑了。兵马俑即制成兵马（战车、战马、士兵）形状的殉葬品。兵马俑多用陶冶烧制的方法制成，先用陶模作出初胎，再覆盖一层细泥进行加工刻画加彩。兵马俑在当年完成时都有鲜艳和谐的彩绘，考古人员在发掘过程中发现有的陶俑刚出土时局部还保留着鲜艳的颜色，但是出土后由于被氧气氧化，颜色不到10秒钟瞬间消尽，化作白灰。现在我们能看到的只是残留的彩绘痕迹。兵马俑的车兵、步兵、骑兵列成各种阵势，整体风格浑厚、健壮、洗练。如果我们仔细观察，就会发现这些兵马俑的脸型、发型、体态、神韵等方面均有差异：如陶马有的双耳竖立，有的张嘴嘶鸣，有的闭嘴静立。所有这些秦始皇陵兵马俑都富有感染人的艺术魅力。

秦始皇陵地宫假想图

兵马俑坑是秦始皇陵的陪葬坑，位于陵园东侧1500米处。俑坑坐西向东，呈"品"字形排列，坑内有陶俑、陶马8000多件，还有4万多件青铜兵器。兵马俑主要分为以下几种类型：

秦陵兵马俑

1. 高级军吏俑

高级军吏俑，俗称将军俑，在秦俑坑中数量极少，出土不足 10 件，分为战袍将军俑和铠甲将军俑两类，其共同特点是头戴鹖冠，身材高大魁梧，气质出众超群，具有大将风度。战袍将军俑着装朴素，但胸口有花结装饰；而铠甲将军俑的前胸、后背以及双肩，共饰有八朵彩色花结，华丽多彩，飘逸非凡，衬托其等级、身份以及在军中的威望。

高级军吏俑

2. 车士俑

车士，即战车上除御手（驾车者）之外的士兵。一般战车上有两名车士，分别为车左俑和车右俑。车左俑身穿长式短衣，外披铠甲，小腿上绑有护腿，头戴头巾，左手持矛、戈、戟等长兵器，右手作按车状。车右俑的装束与车左俑相同，而姿势相反。他们都是战车作战主力，但据文献记载，他们在兵器配置和作战职责上有着一定的区别。从秦俑坑战车遗迹周围发现的兵器看，秦代战车上的车左俑和车右俑均手持戈、矛等格斗用长兵器及弓弩等远攻兵器，说明战车上车左、车右的分工并不十分明确。在战车上，除了矛御手和车左俑、车右俑外，还发现有指挥作战的军吏俑。军吏有高低之分，负有作战指挥的职责。

3. 立射俑

立射俑在秦俑中是一个较为特殊的兵种，出土于二号坑东部，所持武器为弓弩，与跪射俑一起组成弩兵军阵。立射俑位于军阵的外围，身着轻装战袍，束发绾髻，腰系革带，脚蹬方口翘尖靴，装束轻便灵活。立射俑的姿态正如《吴越春秋》上记载的"射之道，左足纵，右足横，左手若扶枝，右手若抱儿，此正持弩之道也"。这说明秦朝时期射击的技艺已发展到很高的水平，各种动作已形成一套规范的模式，并为后世所承袭。

立射俑

4. 跪射俑

跪射俑与立射俑一样，出土于二号坑东部，所持武器为弓弩，与立射俑一起组成弩兵军阵。立射俑位于军阵的外围，而跪射俑位于军阵的中心。跪射俑身穿战袍，外披铠甲，头顶左侧绾一发髻，脚蹬方口齐头翘尖靴，左腿蹲曲，右膝着地，上体微向左侧转，双手在身体右侧一上一下作握弓状，表现出一个持弓的单兵操练动作。在跪射俑的雕塑艺术中，有一点非常可贵，那就是他们的鞋底，疏密有致的针脚被工匠细致地刻画出来，反映出极其严格的写实精神，让后世的观看者从秦代武士身上感受到一股十分浓郁的生活气息。

跪射俑

5. 武士俑

武士俑即普通士兵，作为军阵主体，在秦俑坑中出土数量最多，可按照着装的不同又分为两类，即战袍武士和铠甲武士。他们作为主要的作战力量分布于整个军阵之中。战袍武士俑大多分布在军阵外围，灵活机动；铠甲武士俑则分布在军阵内层。两类武士都手持实战兵器，气质昂扬，静中寓动。

6. 军吏俑

军吏俑从身份上讲低于将军俑，有中级、下级之分。从外形上看，头戴双版长冠或单版长冠，身穿的甲衣有几种不同的形式。军吏俑除了服饰上与将军俑不同外，精神气度上也略有差异。军吏俑的身材一般不如将军俑体魄丰满魁伟，但整体上比较高大，双肩宽阔，挺胸伫立，神态肃穆。这更多地表现出他们勤于思考、勇武干练的一面。

7. 骑兵俑

骑兵俑出土于二号坑，有116件，多用于战时奇袭。由于兵种的特殊，骑兵的装束显然与步兵、车兵不同。他们头戴圆形小帽，身穿紧袖、交领右衽双襟掩于胸前的上衣，下穿紧口连裆长裤，脚蹬短靴，身披短而小的铠甲，肩上无披膊，手上无护甲。衣服短小轻巧，一手牵马，一手持弓。从这种特殊的装束中，我们可以清楚地看出，从古代骑兵战术出发，骑士的行动敏捷是一项基本的要求。二号坑出土的骑兵形象，是迄今为止我国考古史上发现的最早的骑兵实物，因而对研究当时骑兵服饰和装备提供了十分珍贵的考古资料。

8. 驭手俑

驭手俑为驾驶战车者，在三座俑坑中均有出土。他们身穿长式短衣，外披铠甲，臂甲长及腕部，手上有护手甲，小腿部绑有护腿，脖子上围有颈甲，头上戴有头巾及长冠，双臂前举作牵拉缰绳的驾车姿态。由于古代战争中战车的杀伤力极强，因而驭手在古代战争特别是车战中，地位尤为重要，甚至直接关系着战争的胜负。

驭手俑

9. 铜车马

秦陵铜车马出土于秦始皇陵西侧 20 米处，铜车马主体为青铜所铸，一些零部件为金银饰品。铜车马通体彩绘，马为白色，彩绘时所用颜料均为用胶调和的矿物颜料，利用胶的浓度

铜车马

塑造出立体线条。车、马和俑的大小约相当于真车、真马、真人的二分之一。它完全仿实物精心制作，真实地再现了秦始皇帝车驾的风采。

秦代的金属加工技术有了辉煌的成就，这在秦陵铜车马的制造上集中体现出来。秦陵铜车马共有3000多个零部件，各个零部件分别铸造。秦代工匠巧妙地运用了铸造、焊接、镶嵌、销接、活铰连接、子母扣连接、转轴连接等各种工艺技术，将这些零部件结合为一个整体，达到了非常高的水平。特别是一、二号车的伞盖，其厚度仅0.1～0.4厘米，而面积分别为1.12和2.3平方米，整体用浑铸法一次铸出，即使在今天，要铸成这么大而薄、均匀呈穹隆形的铜件也非易事。至今，铜车马上的各种链条仍转动灵活，门、窗开闭自如，整个铜马车仍能够行驶。秦陵铜车马被誉为中国古代的"青铜之冠"。

秦始皇陵兵马俑为研究秦朝时期的军事、政治、经济、文化、科学技术等提供了十分珍贵的实物资料，是可以同埃及金字塔和古希腊雕塑相媲美的世界人类文化的宝贵财富。它充分表现了2000多年前中国人民巧夺天工的艺术才能，是中华民族的骄傲和宝贵财富，被誉为"世界第八大奇迹""20世纪考古史上的伟大发现之一"。

大火三月，秦都成灰

秦王朝的严刑酷法，残暴统治，终于引发了大泽乡陈胜、吴广领导的农民起义。这是中国历史上第一次大规模的农民起义。陈胜、吴广起义揭开了秦末农民起义的序幕，天下云集响应，其中由项羽和刘邦领导的两支义军实力最强。

各路义军势如破竹，刘邦率领的义军先于其他诸侯来到了距离咸阳不远的霸上。此时秦二世已经被赵高杀害，赵高又被秦二世之子子婴诛杀。咸阳防守空虚，迫于刘邦的威势，秦公子子婴向刘邦投降。

进入咸阳后，刘邦在军师张良的竭力劝说下，为了收买民心，同时为了避免引来各路诸侯的围攻，"封秦重宝财物府库，还军霸上"，"财物无所取，妇女无所幸"，只取了一些钱粮户口册籍运往霸上，同时贴出了"约法三章"的文告："父老苦秦苛法久矣，诽谤者族，偶语者弃市。吾与诸侯约，先入关者王之，吾当王关中。与父老约法三章耳：杀人者死，伤人及盗抵罪。余悉除去秦法，诸吏人皆案堵如故。凡吾所以来，为父老除害，非有所侵暴，无恐！且吾所以还军霸上，待诸侯至而定约束耳。"这样既安抚了民众，又在各路诸侯中取得了威信。

"鸿门宴"之后，项羽的大军开进咸阳。公元前206年，项羽为了报仇，将已经投降的子婴杀死，又将阿房宫点燃，掠夺财物后退离咸阳，回到彭城。但是从阿房宫烧起的大火却久久不熄，一直烧了3个月。

咸阳大火是中国历史上最大的一次对物质文明和精神文明的破坏，无数的宏伟建筑和珍贵的财富被付之一炬，秦王朝的国家图书馆所藏典籍也一同被烧毁。昔日富丽的咸阳在一片火海中化为灰烬，只留下了一片废墟。

秦灭六国，在华夏大地上建立起一个统一的多民族的中央集权的大帝国，咸阳作为秦帝国的首都，也成为当时全国政治、经济、文化的中心而永载史册。秦都咸阳上承西周丰镐，下启西汉长安城，在西安古都发展史上具有继往开来的重要作用。秦都咸阳开创的一些都城规划与建筑模式也为后世中国都城建设带来了深远影响，其"法天思想"的都城形制，对汉唐长安的设计有重大影响。

秦都咸阳是一颗璀璨的明珠，在西安古都发展的链条中放射出耀眼的光辉，而且在中国乃至世界古都文明的历史上占据着重要地位。

四、西汉长安
——"斗城"铸就二百载辉煌

汉高祖五年（前202年），汉高祖刘邦定都关中，在今西安市西北郊龙首原北麓兴修起长安城，其后200余年长安一直作为西汉王朝的政治、经济、文化中心，缔造了"文景之治"，经历了汉武盛世，也成为"丝绸之路"的东方起点，在当时与罗马构成东西方世界著名都市的双子星，光耀千古。魏晋南北朝时期，作为多个割据政权的都城，汉长安城一直使用到隋文帝开皇三年（583年）建成大兴城时，近800年历史的汉长安城是古都西安城市发展史上光辉灿烂的绚丽篇章。

长达两个世纪的兴建过程

汉高祖五年（前202年）刘邦灭楚后，建立汉朝，并计划定都洛阳。后来他采纳了娄敬、张良的意见，定都关中，并委派萧何在渭河南岸原秦长安乡的地方新建都城，称为"长安"。长安城是在秦都咸阳渭河南岸残存的宫殿群基础上兴建起来的。

西汉长安城的营建，自刘邦定都关中起，一直持续到西汉末年，前后达两个世纪，经历了四个大的阶段：

第一个阶段是高祖时兴建的长乐宫和未央宫。从公元前202年开始，以当时秦的兴乐宫为基础，兴建了长乐宫作为皇宫。长乐宫位于汉长安城的东南。与此同时，又以秦的章台为基础，兴建了未央宫，主要建筑有东阙、北阙和前殿。未央宫位于长乐宫以西，汉长安城的西南。它是作为汉长安城的正宫来修建的，因此其华丽程度要比长乐宫高得多。此外，在长乐宫和未央宫之间修筑了武库，在长安东南修建了中央粮库——太仓。这些工程由萧何领导，阳成延具体负责设计、安排施工。后来长安城的修筑也是由阳成延负责完成的。由于他在都城建设上的突出贡献，被封为梧齐侯。

第二个阶段是惠帝元年到五年（前194年—前190年）建筑长安城墙。这是一项浩大工程。惠帝三年春，汉惠帝下令，一次就征召了

14.62万人。由于工程浩大，用工多，所以征用劳力的范围扩及长安周围600里（约合250千米）之内。京畿附近劳力不够用，则由全国各地诸侯王、列侯提供犯人和奴隶来补充。惠帝三年六月，汉中央政府就通过各诸侯王和列侯，征召了2万名奴隶。惠帝五年春，再次征召长安附近600里之内劳力14.5万人。同年九月，长安城的城墙才告竣工。这时的长安已粗具规模。

第三个阶段是汉武帝时期的大兴土木。汉武帝在城内修筑了桂宫和明光宫，在城外修筑建章宫。除兴建新宫殿以外，汉武帝对旧有的宫殿进行了大规模的扩建和修饰，其中力度最大的当属对未央宫的扩建，武帝时增修了柏梁台及高门、武台、麒麟、凤凰、白虎、玉堂、金华等殿，新修的台殿建筑要远多于以前的数量。与此同时，又在城郊开凿了昆明池，充实了上林苑中的各种宫观建筑，大规模地扩建了皇室避暑胜地——甘泉宫。

第四个阶段是王莽于地皇元年（20年）撤除长安城西苑中的建章、承光、包阳、储元诸宫及平乐、当路、阳禄诸馆10余所，取其建筑材料，营建九庙。九庙位于汉长安城安门和西安门南出1千米左右平行线内，其位置、规模和形制都与《周礼》等的有关记载相近，汉长安城的布局直至此时才完全体现出《周礼·考工记》的都城布局思想。城市的布局由汉武帝时的向西扩展转而为向南扩展，城市的轮廓也由东西长、南北窄演变为南北长、东西窄。

西汉长安的"斗城"布局

由于长安城不是一下子建设起来的，而是先修宫殿，后筑城墙，加上地形的限制，为了迁就现状，全城便成为不规则形状。除东城墙平直外，西、南、北三面城墙有很多曲折，尤其以南、北城墙显得更突出。看上去，南、北城墙的平面，与天上的南斗星和北斗星很相似，因此后代有人称汉长安城为"斗城"。也有人认为，这是当时修筑长安城的设计者以天上的"北斗"和"南斗"为蓝图设计的。

长安城的东墙为 6000 米，南墙为 7600 米，西墙为 4900 米，北墙为 7200 米，周长 25700 米，总面积约 36 平方千米。城外有与城墙平行的护城河，宽 40—45 米，深 3 米，城墙与护城河一般相距 30 米。长安城每面各开 3 座城门，全城共有 12 座城门。东面城门，由北向南分别是宣平门、清明门和霸城门；南面城门，由东向西分别是覆盎门、安门和西安门；西面城门，由南向北分别是章城门、直城门和雍门；北面城门，由西向东分别是横门、厨城门和洛城门。每座城门的大小并不完全一样，但都有 3 条门道，每条门道可并行 4 辆车，3 条门道则可容 12 辆车通行。

由于长安城内有多条河道穿过，因此长安附近建有多座各式各样的桥梁，据文献记载，长安共有 16 座桥，分别是长安护城河之上所架设的 12 座正对城门的桥梁，以及城郊渭河之上所架设的中渭桥、西渭桥、东渭桥和城东的灞桥。长安城向东去函谷道，一般是出宣平门向东，通过灞河上的灞桥。灞桥的东端，就是函谷、武关两条大道的交点，去往河东的蒲关道也是从这里分出，然后向东北，由汉景帝五年（前 152 年）修建的东渭桥过渭河。由于这三条大道都要通过灞桥，汉朝人送往迎来，经常到桥上，因而也就有了"灞桥折柳"的故事广为流传。长安向北去的道路，是出横门过中渭桥。中渭桥又称横桥，秦朝时始建。长安西北去渭北道，要通过西渭桥过渭河。西渭桥东与长安城西面的章门相对，章门别名便门，所以西渭桥又称便桥或便门桥。灞桥、西渭桥和中渭桥，是通往护卫长安城的灞河和渭河的三条通道，所以具有重要的军事地理地位。特别是灞桥连通东方三条要道，灞桥东端三路相交的一块区域，就是历史上兵家必争的霸上。

汉长安城内的街道布局，古人有"八街九陌"的说法。至于这"八街九陌"具体指的都是哪些街道，现在已不容易确定。汉长安城是一座不规则的城池，除西面中间的直城门与东面南段的霸城门东西对直外，其余各门均非相互对应。各城门都有一条大街通入城内，所以长安城内应有 12 条街道。然而，由于南面的覆盎门和东面的霸城门进门不远处就是长乐宫，西面的章城门和南面的西安门进门不远即是未央宫，不可能形成具有相当长度的大街。这样，就只有8个城门各有一条大街通入城内，东西南北向各4条。这一数目与文献记载的正好相符，"八街"应是指这8条大街，为长安城的主要街道。除"八街"之外，长安城中还有"九陌"。对于"九陌"，文献中没有明确的解释，可能是指城中9条次要街道。汉长安城除宫殿外，还有160个里，仿佛宫城和郭城的区别。相对于宫城来说，普通人居住的闾里区或郭区，也可以被看作郊野。因此，"九陌"可能就是指闾里区中的九条次要街道。长安城内的大小道路，将整个长安分成宫殿区、市场区、作坊区和居民区等几部分。

宫殿区包括未央宫、明光宫、长乐宫、北宫、桂宫等宫殿建筑，它占据了整个都城的大部分面积。其中，未央宫与长乐宫均在城南，前者居西，后者居东，所以两座宫殿被称作"西宫"与"东宫"。汉代方位以西为上，所以"西宫"也被称为"公宫"。未央宫位于龙首原，这里是长安城内地势最高之处。宫城东墙和西墙各长2150米，南墙和北墙各长2250米，平面近似正方形，周长8800米，面积约5平方千米，约占汉长安城总面积的1/7。

未央宫四面各有一座宫门，分别连接一条道路，通至未央宫前殿。未央宫偏处于长安城西南角，西宫门与南宫门之外即长安城的西城墙和南城墙。未央宫与城内其他地方的联系主要是通过北宫门与东宫门。未央宫是一座代表性的古代皇室建筑，宫城之中有鳞次栉比的宫殿、池苑及服务于皇室生活的各种设施与建筑等。

长乐宫是仅次于未央宫的一座重要宫城，它位于长安城东南部，东侧和南侧分别与长安城东城墙和南城墙为邻，西侧和北侧分别为安门大街和清明门大街。长乐宫的东墙长2280米，南墙长3280米，西墙长2150米，北墙长3050米，周长10760米，面积约6平方千米，约占长安城面积的1/6。长乐宫中大型建筑主要分布在连接东西宫门的东西大道以南。

北宫因位于未央宫和长乐宫之北而得名，由汉高祖刘邦创建，武帝时进行了扩建。宫城平面为规整长方形，南北长1710米，东西宽620米，周长4660米，面积约1.06平方千米。北宫之中有前殿、寿宫、神仙宫、太子宫和画室等。北宫作为后妃之宫的突出特点是，宫中的后妃多为不得志者。

作为另一后妃之宫的桂宫，其宫城平面为长方形，南北长1840，东西宽900米，周长5480米，面积约1.66平方千米。桂宫南、北、东三面城墙各发现一座宫门，南北两座宫门之间有纵贯宫城的南北道路相连，从东宫门由东西向道路通至宫城南北大路。桂宫的正殿为鸿宁殿，其他主要建筑有明光殿、土山、走狗台等。

官邸既是官府办公场所，又是官吏的住地。长安城中的官邸一般为诸侯国、汉王朝邻近地区或国家派驻京师的办事处或外交机构。长安城的官僚贵族住宅一般称为"第"或"舍"，"第"又分为"大第"和"小第"。长安城中的"大第"规模宏大，并竞相仿照皇家建筑，非一般官吏所能居住，主要分布在未央宫附近。

一般居民住在里内。据文献记载，长安城有160个里，密度很大，城中繁华之处"人不得顾，车不得旋"，但每个面积都很小，居住的人口不会太多。因为宫室、官邸、市场等建筑占用了长安城的大部分空间，而一般居住区占地面积仅占长安总面积的30%，因此这些里就被局限在长安城的东北部。

长安城内有多处市场，其中，东市和西市最为重要。东市建造于汉高祖六年（前201年），初名"大市"，惠帝六年（前189年）在"大市"以西营建了另一座市场，才以方位分别命名为"东市"和"西市"。东市面积较大，约为西市的两倍，这与二者不同的性质有关。东市以商业活动为主，商品种类五花八门，交易频繁，造就出不少有名的大商人。由于这里为众人聚集之地，因而成为官府公开行刑的场所。与东市相比，西市的商业并不发达，但其手工业却是东市所不及的。考古人员发现，西市内有大量的铸币作坊、陶俑作坊、砖瓦作坊和冶铸作坊，其中一些作坊直属中央管辖，其产品除供应国家外，相当一部分在东市交易。长安城的东市和西市，一个以商业为中心，一个以手工业为中心，形成了我国封建社会初期商业与手工业相结合的城市市场格局。

除东市和西市之外，长安城城郊交通便利、人口密集的地方还有不少市场，如便桥的交道亭市、渭河边细柳仓旁的柳市、渭北秦咸阳城西的孝里市以及长安太学附近的会市等，而在长安附近驻军所在地还有以军人为对象的军市，另外，还出现了专卖性质的市场，如长安酒市。

城郊的礼制、宫苑布局

汉长安城的礼制建筑可分为三类：第一类是明堂和辟雍，明堂用来会见诸侯，并将第二年的历书颁发给诸侯，以实行政教，辟雍则用来行礼乐、宣德化；第二类是郊祀和社稷，用来祭天地和五谷诸神；第三类是宗庙和陵园，用来祭祀祖宗。这些礼制建筑在西汉一代并不十分固定，随着儒、道势力的消长和儒学内部的争论而有过多次反复。直到王莽当政，彻底复古，其中的一些主要建筑才完全集中到长安南郊一带。

长安城及其附近最早的礼制建筑是宗庙和陵园。长安城内有刘邦父亲太上皇庙、高祖庙和惠帝庙，城南有文帝顾成庙及戾太子母卫思后园、戾太子戾园和宣帝的父亲史皇孙的墓地奉明园。新莽地皇元年（20年），王莽下令在长安城城南又修建9座宗庙，这9座宗庙供奉的是王莽的祖先。

社稷是对"地母"的崇拜。汉王二年（前205年），刘邦入关中，即下令废除秦社稷，设立汉社稷。其后，又在都城长安附近立官社，配以夏禹，但不立官稷。平帝元始五年（5年），王莽上表提出在官社之后建造官稷，配以后稷。西汉王朝在都城长安南郊营建的社稷位于宗庙建筑群之西，与西汉宗庙建筑群遗址对称分布于由长安城西安门南出的南北路两侧。

　　长安近郊的明堂和辟雍也是在平帝时才着手创建的。在此之前，汉武帝初年，就想在长安城南恢复明堂，但由于窦太后的反对而未能实现。成帝时，虽有人奏请在长安城南建立辟雍，又逢成帝驾崩不得不终止。平帝元始四年（4年），王莽上表提出建造明堂、辟雍。王莽将明堂与辟雍合二为一，辟雍是环绕明堂的水沟，"如璧之圆，雍之以水，象教化流行也"，而明堂则是"正四时，出教化，天子布政之宫也"。

　　建章宫位于长安城以西隔沇（jué）水与未央宫相对，宫城平面呈东西宽、南北窄的长方形。建章宫是武帝时营建的，面积和未央宫相近，但建筑之宏伟却远远超过未央宫和长乐宫，号称"千门万户"。前殿、凤阙、渐台、神明台、井干楼等以高大雄伟著称；太液池则宽广深邃，蓬莱、方丈、瀛洲数岛点缀其中，令人心旷神怡。

　　甘泉宫是西汉皇室的避暑胜地，取名于所在地的甘泉山。甘泉宫原来规模较小，周长只有4000多米。汉武帝时进行了大规模扩建。扩建后的甘泉宫宫墙周长近8千米，其中有宫殿12座，

明堂辟雍

楼台一座，宫城四面各有一座宫门。甘泉宫中最高的建筑物是元封二年（前109年）建筑的通天台，顾名思义，通天台就是"台"可"通天"，由此可见这座台之高了。通天台高30丈，站在台顶，可以远眺120多千米以外的都城长安，天上的朵朵白云都在人的脚下飘过。皇帝

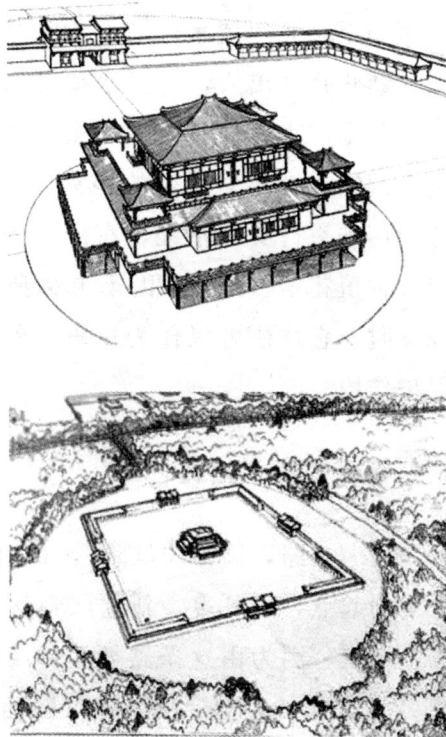

到甘泉宫来，一是拜天神，二是避酷暑。西汉皇帝，尤其是汉武帝，每年五月都要由长安北上到甘泉宫避暑，往往一直要到盛暑过后才前呼后拥地回到都城长安。

上林苑是西汉时期最为重要的皇家园林。它始建于战国时期的秦国。西汉前期，因国势衰微而一直实行与民休息的政策，上林苑向老百姓开放，允许百姓在园内耕种。建元三年（前138年），汉武帝开始对上林苑进行大规模的扩建。扩建后的上林苑东起灞浐，南傍终南，西至周至，北达渭水，周长120多千米。上林苑完全成了皇家专用之地，禁止百姓出入，并设水衡都尉对其进行专门管理。这时的上林苑不仅范围广大，而且资源丰富，使其具有多种功能。上林苑中有多处离宫别馆，有的是皇帝的寝宫、办公场所，有的是后宫的居所，有的专门用来举行文娱活动，有的用来接见外宾，也有的用于饲养珍禽异兽，种植花木。另外，由于上林苑地域广阔，防卫严密，因此在发生战乱时，它往往可以作为军事上的缓冲地带，对都城长安起到一定的保护作用。

张骞铺就"丝绸之路"

丝绸之路，简称"丝路"，是西汉时由张骞出使西域开辟的以都城长安为起点，经甘肃、新疆，到达中亚、西亚，并联结地中海各国的陆上通道。因为由这条路西运的货物中以丝绸制品的影响最大，故得此名。其基本走向是在两汉时期确定的，包括南道、中道、北道三条路线。

北线由都城长安沿着渭河到达虢县（今陕西省宝鸡市），再经过汧（qiān）县（今陕西省陇县），越过民勤县六盘山，沿祖厉河，在甘肃省靖远县渡黄河到达姑臧（今甘肃省武威市），路程较短，沿途供给条件差，是早期的路线。

南线由都城长安沿渭河经过陇关、上邽（今甘肃省天水市）、狄道

（今甘肃省临洮市）、枹罕（今甘肃省临夏回族自治州），由今甘肃省永靖县渡黄河，穿过今青海省，越过大斗拔谷（今扁都口）到达今甘肃省张掖市。

中线与南线在上邽分道，经过陇山，到达金城郡（今甘肃省兰州市），渡过黄河，沿庄浪河，翻过乌鞘（shāo）岭到达姑臧。南线补给条件虽好，但绕道较长，因此中线后来成为主要干线。

南北中三线会合后，由张掖经过酒泉（今甘肃省酒泉市）、瓜州（今甘肃省瓜州县）到达敦煌，再由敦煌到达葱岭（今帕米尔高原）或怛（dá）罗斯（今哈萨克斯坦国江布尔市）。

公元前 2 世纪，西汉王朝经过文景之治后国力日渐强盛。汉武帝刘彻为打击匈奴，计划策动西域诸国与汉朝联合，于是派遣张骞前往此前被冒顿（Mò dú）单于逐出故土的大月氏。建元二年（前 139 年），张骞带领 100 多名随从从长安出发，日夜兼程西行。张骞一行在途中被匈奴俘虏，遭到长达 10 余年的软禁。他们逃脱后历尽艰辛又继续西行，先后到达大宛国、大月氏、大夏。在大夏市场上，张骞看到了大月氏的毛毡、大秦国的海西布，尤其是汉朝四川的邛竹杖和蜀布。他由此推知从蜀地有路可通身毒（今印度）、大夏。元朔三年（前 126 年），张骞几经周折返回长安，出发时的 100 多人仅剩张骞和堂邑父两个人了。史书上把张骞的首次西行誉为"凿空"，即空前的探险。这是历史上中国政府派往西域的第一个使团。

元狩四年（前 119 年），张骞时任中郎将，又第二次出使西域。经过 4 年时间，他和他的副使先后到达乌孙国、大宛、康居、大月氏、大夏、安息、身毒等国。为了促进西域与长安的交流，汉武帝招募了大量身份低微的商人，利用政府配给的货物，到西域各国经商。这些具有冒险精神的商人中大部分成为富商巨贾，从而吸引了更多人从事丝绸之路上的贸易活动，极大地推动了中原与西域之间的物质文化交流，同时汉朝在收取关税方面取得了巨大利润。出于对匈奴不断骚扰与丝路上强盗横行的状况考虑。汉宣帝神爵二年（前 60 年），设立了汉朝对西域的直接管辖机构——西域都护府，加强对西域的控制。以汉朝在西域设立官员为标志，丝绸之路这条东西方交流之路开始进入繁荣的时代。

张骞出使西域

自从张骞通西域以后，中国和中亚及欧洲的商业往来迅速增加。通过这条贯穿亚欧的大道，中国的丝、绸、绫、缎、绢等丝制品，源源不断地运向中亚和欧洲，因此，希腊、罗马人称中国为赛里斯国，称中国人为赛里斯人。所谓"赛里斯"即"丝绸"之意。19 世纪末，德国地质学家李希霍芬将张骞开辟的这条东西大道誉为"丝绸之路"。

丝绸之路的开辟，有力地促进了东西方的经济文化交流，对促成汉朝的兴盛产生了积极的作用，至今仍是中西交往的一条重要通道。

太学汉赋共创灿烂"三秦文化"

太学是中国古代的大学。汉武帝时，董仲舒提出兴建太学的建议。武帝建元六年（前 135 年），在都城长安创建太学。太学之中由博士任教授，初设五经博士专门讲授儒家经典《诗》《书》《礼》《易》《春秋》。宣帝时博士增至 12 人，王莽当政时又增至 30 人。学生称为"博士弟子"或"太学弟子"。太学初建时为 50 人，汉昭帝时增至 100 人，王莽时增至 10000 人，博士弟子有免除赋役的特权。博士弟子的选拔，一方面由太常负责选择，另一方面由郡国推举。武帝还下令天下郡国设立学校官，初步建立起地方教育系统。太学和郡国学主要是培养统治人民的封建官僚，但是在传播文化方面，也起了重要作用。魏晋至明清或设太学，或设国子学，或两者同时设立，均为传授儒家经典的最高学府。汉代太学的建立，标志着我国封建官立大学制度的确立。

汉赋是在西汉时涌现出的一种有韵的散文，西汉时的代表人物是贾谊、枚乘、司马相如、扬雄等。它的特点是散韵结合，以铺叙为主。汉赋的内容可分为5类：一是渲染宫殿城市；二是描写帝王游猎；三是叙述旅行经历；四是抒发不遇之情；五是杂谈禽兽草木。而以前两类为汉赋的代表。赋是汉代最流行的文体。在两汉400多年间，一般文人多致力于这种文体的写作，因而盛极一时，后世往往把它看成是汉代文学的代表。

汉赋在结构上，一般都有三部分，即序、本文和被称作"乱"或"讯"的结尾。汉赋写法上大多以华美的辞藻来大肆铺陈，为汉帝国的强大或统治者的文治武功高唱赞歌，只在结尾处略带几笔，微露讽谏之意。

汉赋在文学史上有着一定的地位。首先，即以那些描写宫苑、田猎、都市的汉赋来说，大都是对国土的广阔、水陆物产的丰盛、宫苑建筑的华美、都市的繁荣以及汉帝国的文治武功的描写和颂扬，这在当时并不是毫无意义的。而赋中对封建统治者的劝谕之词，也反映了这些赋作者反对帝王过分奢华淫靡的思想，表现了这些作者并非是对帝王贵族们毫无是非原则的奉承者和阿谀者。尽管这方面的思想往往表现得很委婉，收效甚微，但仍然是不应抹杀的。其次，汉赋虽然以辞藻华丽为特点，以至于好用生词僻字，但在丰富文学作品的词汇、锤炼语言辞句、描写技巧等方面，都取得了一定的成就。建安以后的很多诗文，往往在语言、辞藻和叙事状物的手法方面，从汉赋得到不少启发。最后，从文学发展史上看，两汉辞赋的繁兴，对中国文学观念的形成，也起到一定促进作用。中国的韵文从《诗经》《楚辞》开始，中间经过西汉以来辞赋的发展，到东汉开始初步把文学与一般学术区分开来。《汉书·艺文志》中除《诸子略》以外，还专设立了《诗赋略》，除了所谓儒术、经学以外，又出现了"文章"的概念。至魏晋则出现了对文学基本特征的探讨和认识，文学观念由此日益走向明晰化。

在战乱中黯然凋谢的长安

西汉末年，外戚王莽掌握朝政。平帝去世后，他立平帝年仅两岁的儿子刘婴为傀儡皇帝，代摄朝政，不久就取而代之，改国号为"新"。王莽登基后，推行了许多脱离实际的政策，朝令夕改，引发了社会的大动荡，国家大乱。更始元年（23年），王莽身死国亡，更始和赤眉两个军事集团相继攻进长安，城市宫殿遭到严重破坏。西市、东市、长乐宫相继被毁，其他宫室和百姓的房屋也惨遭焚毁，长安变为一片废墟。附近的宗庙、陵园也多被挖掘，仅有杜陵、霸陵保存完好。

建武元年（25年），光武帝刘秀建立东汉，定都洛阳。但因长安是其先朝宗庙陵寝所在，仍然具有相当重要的地位，视为西京。东汉一代，除殇、冲、质三朝因年代较短无法回长安拜谒皇陵，灵帝和献帝因兵火战乱未能回长安祭拜外，光武帝、明帝、章帝、和帝、安帝、顺帝、桓帝都曾前往西京祭扫。

东汉末年，董卓挟持汉献帝迁都长安，给长安城带来了短暂的繁荣。未央宫经重新翻修，已略具皇宫规模，仿佛西汉当年的气象。从洛阳迁徙来的众多人口也使长安的居民陡增。然而这种景象只不过是昙花一现。在董卓被诛之后，其部将李傕（jué）、郭汜、樊稠等攻入长安，引起局势的混乱，他们之间相互猜忌，兵戎相见，火烧宫室，杀人掠物。这是长安城的一大浩劫。汉献帝于兴平二年（195年）东归后，城中的百姓纷纷逃离长安，以至于二三年间，关中成为了荒凉之地。

魏晋南北朝时期，战乱频仍，政权更迭。古都长安始终处于战乱的中心。西晋时期，长安仍是一派残破景象。永嘉七年（313年），晋愍帝在长安被推上了帝位。据《晋书·愍帝纪》记载，当时长安城中百姓不足百户，到处是断壁残垣，杂草荆棘丛生，衰败的程度比之前更为严重。

永嘉之后，以长安为都城的王朝先后有前赵（319—329年）、前秦（351—383年）、后秦（384—417年）、西魏（535—556年）和北周（557—581年），共126年。这些政权都对长安城进行过不同程度的修建。其中修筑规模最大，花费精力最多的当推未央宫。前赵、西魏时期都重修过未央宫；而后赵石苞修未央宫时，一次就征发了雍、洛、秦、并四州共16万人。十六国和南北朝后期，长安城内常见有小城、子城和皇城的设置，这些实际上多是汉代的未央宫。

魏晋南北朝时期虽说乱多治少，长安作为都城经常成为战乱的中心，屡遭劫难，但总的说来，正是有赖于这些封建王朝不时的修建，长安城才得以大体保存，基本维持原有的格局，这为隋唐时期长安的再度繁荣奠定了基础。

五、隋唐长安
——万国聚会的"天下第一城"

开皇二年（528年），隋文帝在今西安市区龙首原畔修建大兴城，并定都于此。武德元年（618年），唐高祖李渊建立唐朝，也定都在大兴城，只是改称"长安"，所以一般通称为唐长安城或隋唐长安城。唐长安城不仅与汉长安城前后辉映，而且是我国古代规模最为宏大壮丽的都城，成为当时世界上最繁荣昌盛的国际性大都市以及被誉为"天可汗之都"，是古都西安城市发展的顶峰，在整个中国古都城市建设史上也占有非常重要的地位。

从大兴到长安
——"天下第一城"的营建和扩建过程

开皇元年（581年），隋朝建立以后，将都城设在汉长安城。汉长安城在几百年的分裂历史中，一直都是各路势力争夺的中心。由于战争连年不断，长安曾再三地被洗劫、焚毁和重建。当时的长安城面积不大，也不对称，已经十分古老和破落。由于历时之久，城中宫殿楼宇破败，供水排水严重不畅，污水往往聚而不泄，以致生活用水多遭到污染。空气中弥漫着难闻的气味，饮水也带有涩味。对于刚刚登上皇位的文帝来说，他迫切希望能够修建一座新的都城，来展示他的帝王气象。

隋文帝于开皇二年（582年）六月正式颁诏开始营建新都，整个工程的进展速度很快，至当年底，即已基本完工。第二年三月，隋文帝迁入新都城，并把新都命名为大兴城，把宫城命名为大兴宫，宫城正殿命名为大兴殿，大兴殿外正门命名为大兴门，新都所在的万年县改名为大兴县，新设禁苑命名为大兴苑，城中又有寺院命名为大兴善寺。整个工程的设计和督造者是太子左庶子宇文恺。

宇文恺构思、规划隋大兴城时，针对汉长安旧城存在的问题，借鉴了北魏洛阳、曹魏邺城、东魏北齐邺都南墟、南朝建康等都城规划的经验，其规划布局的指导思想是既要突出传统的"皇极"思想，体现礼制等级、秩序，又要能够满足广大居民的居住需求和生活需求。

由于汉长安城过于狭小，城内居住用地明显不足，因此，隋大兴城的规模扩大了许多，东西长9700多米，南北长8600多米，总面积约84平方千米，约为汉长安城的两倍以上。

汉长安城不仅规模狭小，而且宫殿、官署与坊里混杂，分区不整齐。为了严格区别尊卑、内外，不与民杂处，宇文恺特地在宫城之外加筑皇城，把宗庙社稷和官署纳入皇城之内，作为宫城的屏障，自此创立了皇城制度。隋大兴城将宫城布置在城北部的正中。皇城紧临其南，外郭从东西南三面环绕宫城和皇城。这也是宇文恺借鉴北魏洛阳的规划经验，进一步发展秦代"法天象地"规划思想的结果。宫城中心的太极殿象征北极星，以此作为天下之中，皇城的百官衙署象征环绕北极星的紫微垣，外郭城则象征向北环拱的群星。宫城以北设皇家苑囿——大兴苑，兼作宫城北面的防御屏障。

宇文恺在整体的设计布局上一改汉长安城没有使用轴线对称的布局原则，将轴线与对称的布局形式发挥到了极致。宽达150多米的朱雀大街是对称的中轴线，由皇城南门朱雀门到郭城南门明德门，长达4300多米，位于中轴线上的明德门有五个门洞，其他城门有三个门洞，主次分明。朱雀大街将全城分为东西两大部分，城门、坊里、市和道路等其他重要建筑物作对称布局。全城呈现出一种极为规整的棋盘式格局，规划极为严谨。强化中轴线，严格对称，这种都城规划布局的手法，因为能很好地突出宫城的核心地位而被后世广泛采用。

由于隋文帝的过早去世，大兴城的建设并不十分完善，但紧随其后的唐却以隋大兴城为蓝本，开创了唐都长安的繁盛。

隋末农民战争爆发后，各地的官僚豪强纷纷脱离隋朝统治，准备夺取政权，其中实力最强的是以晋阳（今山西省太原市）为中心的李渊集团。隋大业十三年（617年），李渊在晋阳起兵，攻取隋都城长安。618年，李渊称帝，建立唐朝，定都于隋朝旧都大兴城，并更名为长安城。李渊攻克大兴城时非常顺利，对城市没有造成太大破坏，所以唐初长安城内的建置基本上沿用了隋朝的旧制，没有什么改动。只是把大兴殿、大兴门分别改成了太极殿、太极门，大兴县又改回了万年县，大兴苑改称为禁苑。唐睿宗景云元年（710年），又将大兴宫改称太极宫。唐长安城先后建有太极宫、大明宫、兴庆宫三座宫殿，合称"三大内"。太极宫与大明宫、兴庆宫相比，位置偏西，所以也称"西内"，是唐初的政治中心。

唐朝建立以后，不断对隋朝旧都大兴城进行修建，使之更加宏伟壮丽。首先是整修建成外郭城。其次是在城北龙首原上兴修大明宫。大明宫本是李世民在贞观八年（634年）为其父太上皇李渊修建的一座避暑之宫，取名"永安"，以求吉祥，但是太上皇李渊在第二年的五月病死，大明宫的营建工程就此停工，唐太宗于是将其改称为大明宫；高宗时改名为蓬莱宫，咸亨元年（670年），又改名为含元宫；到武则天时，恢复大明宫的名称。由于大明宫在太极殿之东，所以被称为"东内"。

唐高宗将皇宫迁到大明宫时，大兴土木，对大明宫进行了扩建，工程巨大。扩建后的大明宫极为豪华，规模和太极宫不相上下，而建筑气魄之宏伟甚至超过了太极宫。到唐肃宗收复长安以后，大明宫成为唐朝后期的政治中枢，也成为中唐一代的皇宫，只是在举行一些特殊的重大典礼时，才按照礼制到太极宫进行。

唐玄宗李隆基开创了"开元盛世"，政治经济上的繁荣也促进了都城长安城进入一个重要的发展阶段，兴庆宫、曲江园林和夹城都是唐玄宗当政时的盛唐时期兴修的。

兴庆宫位于唐长安城东部的隆庆坊，东靠东城墙，东南角紧邻春明门，因为其位置在大明宫之南，所以被称为"南内"。兴庆宫开始为离宫性质，面积较小。开元十四年（726年），兴庆宫开始扩建，面积扩大了很多。开元十六年（728年），唐玄宗把政治中心从大明宫移到了兴庆宫。兴庆宫比太极宫、大明宫两座宫殿修筑得更为豪华。兴庆宫只是兴盛于玄宗一朝，以后就冷落了下去，后来变成了退位后皇帝的居住地。

大兴长安一盘棋
——隋唐都城的整体布局

隋朝都城大兴城平面布局规划得十分规整，类似一个围棋棋盘。整个长安城由宫城、皇城和外郭三部分构成。

宫城也就是大兴宫，是皇帝居住和处理朝政的场所。宫城分为三大部分，中间部分供皇帝居住和临朝；东面为东宫，是皇太子居住的地方；西面为掖庭宫，是普通宫女的住所。宫城南面有门通往皇城，北面有门出城入大兴苑。

皇城在宫城的南面，是朝廷各个部门的办公场所，除个别部门有特殊情况外，几乎全部政府机构都集中在这里。此外，祖庙和社稷坛分别排列在皇城南城墙内的东西两侧。

大兴城外城，南、东、西三面各开三门，至唐代时也未作改建。北面两门，都在宫城西侧，西为光化门；东为华林门，唐代时改为芳林门。

城中建有南北向的大街11条，东西向的大街14条，街道均作东西南北向，不仅笔直宽敞，排列得也异常整齐。诗人白居易在形容长安城的街道时说："百千家似围棋局，十二街如种菜畦。"其中贯通东、西、南三面城门的六条大街是其主干大街，两旁还设有排水沟，并种植槐树和榆树。这些街道将外郭城分割为若干小块，称"里"或"坊"。

全城共有109坊，朱雀街西为55坊；朱雀街东因为在城东南角被曲江池占去了一坊地，所以比西街少了一坊，只有54坊。此外，在朱雀街东西两侧，还修筑了东市和西市。坊四周有围墙，通过固定的坊门出入，实际上是一个个被圈起来的官吏和一般平民的居住区。东西两市是有官署监督的城市商业中心，又称为"庙会市"和"利人市"。以皇城和新城正南门、朱雀门与明德门之间的南北大街为界，街东为大兴县管辖，街西属长安县管辖。

长安城的坊大小不等，隋初设计时分为五级。其中面积最小的两级坊市都在皇城正南，东西各开有一个坊门，其余的都在东、南、西、北四面各开一个坊门，每个坊内连接两个相对的坊门间有街道，是坊内的重要街道。其中连接两个坊门的大街就是两条相交叉的十字街。坊内除了这条大街或十字街以外的街道，称为"巷"或"曲"。

考虑宫廷和城内居民的生活用水及园林绿化用水，大兴城中修筑了永安渠、清明渠、龙首渠和曲江池几条水渠，流经外郭城、皇城和大兴苑。

大兴苑在城北，西起汉长安故城（包括汉长安城在内），东止灞浐岸边，北至渭水，南抵大兴城下。大兴苑的设置，主要是供帝王游玩，同时对保卫大兴城，特别是宫城的安全，也起到了巨大的作用。因为大兴城的宫城北墙，也就是外郭城的北城墙，外面没有其他依托；北面的龙首原又是一个制高点，很容易对宫城构成威胁。把北面划为苑囿后，就可以充分利用北面的渭水和东面的灞水以及四周的苑墙，来拱卫皇宫。

唐都长安与隋都大兴城在面积与格局方面基本保持了一致，只是作了一些改建和扩建。

唐长安城中宫城（太极宫）、大明宫、兴庆宫等三大宫殿区中，太极宫位于唐长安城的最北部，且为正北方向；大明宫在城东北的龙首原上，南接长安城的北城墙，西面与宫城的西北角相连；兴庆宫位于长安外郭城东城墙春明门内偏北的地方。

太极宫包括了太极宫、东宫和掖庭宫三个部分。太极宫东西宽2830.3米，南北长1492.1米。其中掖庭宫宽702.5米，太极宫宽1285米，东宫宽832.3米，呈东西长、南北短的长方形。东、西、南、北四面共开有10个城门，在这些城门中，最为重要的是承天门，而最为有名的是玄武门。承天门位于太极宫南墙的正中。它不仅是太极宫的正门，也是皇帝举行外朝"大典"的场所，例如重大节日、皇帝登基、外国使臣朝拜以及招待群臣。玄武门是太极宫的北侧主门，地势最高，军事地位重要，唐代的宫廷政变多与玄武门有关，其中最有名的当属众所周知的"玄武门之变"。太极宫严格按照古代宫室"前殿后寝"建筑原则布局，以建章门、两仪门、虔化门、武德门一线，将太极宫分为"前朝"和"内廷"两个部分。太极宫的东西两侧分别为东宫和掖庭宫，两宫的面积均小于太极宫，为长方形，这和隋朝基本保持了一致。

大明宫规模巨大，周长7628米，面积约3.3平方千米，为唐长安城最大的宫殿。大明宫的整体布局以丹凤门、含元殿、宣政殿、紫宸殿和玄武门为南北轴线，官厅、别殿、亭阁与楼观等四五十所建筑分布于东西两侧。大明宫的南半区为议政之地，而分别以含元殿、宣政殿、紫宸殿为主体建筑，形成了外、中、内三朝。大明宫的北部为皇帝的生活区，里面以太液池为界，又可以分为东西两区，东区为皇帝后妃起居之处，西区为皇帝招待臣下的地方。北部的太液池则是当时皇宫最为优美的风景区。

兴庆宫南北长 1250 米，东西宽 1080 米，周长 4660 米，面积约 1.35 平方千米，整体呈现南北略长的长方形。

皇城又名"子城"，紧附在宫城（太极宫）的南侧。皇城东西 2820.3 米，南北长 1843.6 米，面积约 5.2 平方千米，南北七条大街，东西五条大街。皇城以朱雀门—承天门街—承天门为轴线，分为东西两个部分，而东部还有一条与含光门相对应的含光门街，西部有与安上门相对应的安上门街。

唐长安城有三苑：西内苑、东内苑和禁苑，都是皇家的风景园林区，在都城之北。西内苑在太极宫以北，故称北苑；东内苑则在大明宫内，是三苑之中面积最小的一个；禁苑也称大兴苑，位于都城之北，范围最大。根据《长安志》记载，西内苑"南北一里，东西与宫城齐"。苑内有樱花园、瑶池等园池，也有观德殿、含光殿等楼阁，这些楼阁左右对称，排列在玄武门的两侧。许多重要的皇家体育活动均在这里举行。东苑中的殿阁建筑较少，内有龙首池，为宫中祈雨的场所。禁苑是京城长安地区皇家最主要的园林风景区与行猎区。苑中坡原起伏，林木繁盛，潭池相接，有宫、殿、院、亭多达二三十处。鱼藻池是禁苑中最大的池沼，位于大明宫以北，池中有山，鱼藻宫就建在山上。皇家常在这里举行竞渡。而禁苑之南、光华门之北为梨园，其以梨树种植较多闻名，这里也常举行皇家的各种文体活动。

唐都长安继承了前代都城按里坊划分市民住宅的制度，在外郭城置诸坊，作为都城一百多万人口住宅的分布区。宫城两侧的里坊大体东西宽 955 米，南北长 588 米；皇城两侧的里坊大致东西宽 955 米，南北长 808 米；朱雀门街东西两侧第一列各 9 坊，东西宽 514 米，南北长 477 米；第二列各 9 坊，东西宽 661 米，南北长 477 米；第三至五列里坊东西宽 955 米，南北长 477 米。

里坊外围均有高大的围墙环绕，坊墙墙基厚度一般为 2.3—3 米不等。各坊内一般都开辟东西南北十字街四面各开一个门。十字街的宽度均为 15 米，而被十字街隔开的 4 个区，各有十字巷，把全坊分为 16 个小区，这些巷的宽度一般为 2 米多。皇城南 36 坊只开东西街和东西门，不开南北街和南北门。

东市和西市是唐长安城的经济活动中心，也是当时全国工商业贸易中心，还成为与域外国家进行经济交流活动的重要场所。这里商贾云集，邸店林立，物品琳琅满目，贸易极为繁荣。

东市的面积，据文献记载："南北居二坊之地"。市的四周，每面各开 2 个门，共有 8 个门。东市由于靠近"三大内"，周围坊里多为皇室贵族和达官显贵的住所，所以其经营的商品，多为上等奢侈品，以满足皇室贵族和达官显贵的需要。

西市，隋称"利人市"，在皇城外的西南部。作为长安城乃至全国最主要的市场，西市进行的是封闭式的集中交易，也就是将若干个同类的商品聚集起来，以"肆"或相当的"行"为单位，市内设有专门的管理机构——市局和平准局。交易区也都是集中在一个四面有墙、开设市门的较为封闭的场所内。西市呈长方形，南北长 1031 米，东西宽 927 米，面积 0.96 平方千米。西市内有南北向和东西向均宽 16 米的街道各两条，四条街道纵横交叉成"井"字形，将整个市内划分成 9 个长方形区域，其中东西向二街相距 327 米，南北向二街相距 309 米，各街两侧均挖有水沟，在水沟的外侧还建有宽约 1 米的人行道。

唐代长安不仅有宏大的皇家园林，公共园林也很著名，曲江、杏园、乐游原等就是这种园林的典型代表，成为长安民众平常休闲的理想去处。曲江在唐以前就是景色优美的风景区，唐开元时，大规模扩建了曲江池。曲江沿岸楼阁起伏，垂柳成行，烟水明媚，风景优美，成为长安地区规模最大和最著名的风景区。这里一年四季游人络绎不绝，尤以中和（农历二月一日）、上巳（农历三月三日）和重阳（农历九月九日）三大节日为盛。除了这三个节令之外，每年二月新科进士及第，必定在曲江亭中设宴，称为"曲江会"。而为了一睹新科进士的风采，长安百姓也会聚集于此。

杏园，位于朱雀街第三列靠近城南的通善坊，北临大慈恩寺，东面临近曲江池。因为园内有茂盛的杏林，所以称"杏园"，是一处著名的园林风景区。每逢早春之际，满园杏花盛开，长安百姓纷纷来到此处游览。

> 向晚意不适，驱车登古原。
>
> 夕阳无限好，只是近黄昏。
>
> ——（唐）李商隐《乐游原》

唐代大诗人李商隐的这首诗写的是乐游原傍晚的美景。乐游原位于朱雀街东第四列升平坊与第五列新昌坊一带。唐代太平公主在乐游原上修建亭阁，后来又有宁、申、岐、薛诸王再加兴建，于是成为以冈原为特点的自然风景游览胜地。这里地势高耸，登原远眺，京城的风景尽收眼底，长安百姓到此休闲游览者络绎不绝。

唐都长安的皇陵也是其重要的组成部分之一。18座唐代皇帝陵墓寝宫，分布在关中渭水的群峰丘峦中，连绵延亘90多千米，像一根淡淡的弧线镌刻在遥远的天际。昭陵是古代中国最大的帝王陵园。"因山起陵"的陵寝制作模式由此开始出现。唐太宗李世民就安葬在这片陵园的墓冢之中。昭陵前的六骏石刻，栩栩如生。列于寝殿前两侧的十四国君长石像，刻画了来自东起朝鲜半岛，西到中亚咸海和印度，北起安加拉河，南至越南南部的广大地区王者的英姿。如此广阔地域中的君长群像的大聚会，浓缩了那一时代诸民族友好交往、中外一体的盛况，以大写意手法勾勒出了李唐王朝的社会环境、国际环境，使唐代建筑雕刻洋溢着光彩熠熠的时代精神。

隋朝大运河
—— 败也运河，成也运河

隋朝大运河始建于隋炀帝大业元年（605年），共用500余万民工，费时 6 年，北起北京，南至杭州，全长 2700 余千米。隋朝大运河沟通了海河、黄河、淮河、长江、钱塘江五大水系，成为中国南北水运的大动脉，也是世界上最伟大的工程之一。

隋朝的政治中心和军事中心位于中国北方，尤其是关中地区，在统一过程中，为了运兵南下，开始修建运河。隋文帝曾于开皇四年（584 年）命宇文恺率民夫开凿漕渠，自大兴城西北引渭水，基本上沿着汉代漕渠故道向东，至潼关入黄河，长 150 多千米，称广通渠，仁寿四年（604 年）改称永通渠。但随着南北政治、经济和文化日益发展，修凿的局部运河，已经不能满足社会需要，沟通南北水道已经成为社会经济交流的迫切需要了。待全国统一后，为了将南方的粮食和纺织品运送到北方，又陆续开凿了数条运河。最终形成了以东都洛阳为中心，首尾相连的几条运河。

根据历史记载，隋炀帝曾三次开凿运河：

第一次在大业元年（605 年），隋炀帝即位第一年就征发 100 多万士兵和夫役，下令开挖通济渠。早在战国初期，魏国就开凿了鸿沟（引黄河水沿汴水，向南转沿沙水入颍河）。通济渠是在鸿沟和下游的汴河两条河流的基础上加以疏浚的。通济渠以东都洛阳西苑为起点，引谷、洛二水入黄河，顺流东下，再从板渚（今河南省荥阳市北）引黄河水入汴河，再经商丘入安徽泗县，到盱眙（今江苏省盱眙市东北）入淮河，再顺河到达山阳（今江苏省淮安市）。同年又下令疏浚邗沟。早在春秋时期，吴王夫差下令开通长江和淮河之间的运河。因这条河流经吴国邗城（今江苏省扬州市），所以称为邗沟。隋朝大运河的邗沟，就是在春秋时期吴国邗沟的基础上疏浚的。

第二次在大业四年（608 年），隋炀帝又征发河北民工 100 余万，下令开凿永济渠。从氾水县（今河南省荥阳市）东北引黄河水北上，连通沁水、淇水，至临清到天津会白河入海，向北又与涿郡相通。跨越今河南、河北、北京、天津四省市，沟通黄河和海河水系，全长 1000 多千米。

第三次是大业六年（610年），隋炀帝下令开凿江南河，自京口（今江苏省镇江市）到余杭（今浙江省杭州市），运河宽30多米，长360多千米，沟通了长江、钱塘江及太湖平原的多个水系。至此，大运河的开凿工程基本完成。

隋朝大运河的开凿，由于工程浩大，过重的劳役加重了百姓的负担，使得民怨沸腾，成为隋朝末年农民大起义的诱因之一，从而间接导致了隋朝的灭亡。但是，隋朝大运河也有其积极的历史意义。

大运河的开通，促进了运河两岸城市的发展，江都（今江苏省扬州市）、余杭（今浙江省杭州市）、涿郡（今北京市地区）等城市很快繁荣起来。当时运河上，往来的商船络绎不绝。大运河对隋唐时期的南北经济、文化交流，维护全国统一和中央集权制的加强，都起了积极的促进作用。大运河不仅加强了隋王朝对南方的军事与政治统治，而且使南方的物资能够顺利地到达当时的洛阳和长安。同时，大运河的开通促进了民族之间的融和与交流以及中外的国际交流。大运河一方面把地中海周边和中亚的文化和中国内陆的文化连接了起来，辐射开来；另一方面，把北方的少数民族文化和中原汉族文化连接了起来，促进了中华民族大家庭的生成、巩固和壮大。同时，大运河迎来了唐代的开元之治，奠定了唐文化在世界上崛起的基础。

长安不长安
——晚唐长安的没落

"安史之乱"不仅是唐朝由盛转衰的转折点，也对唐都长安造成了很大的破坏。天宝十四年（755年）十一月，身兼范阳、平卢、河东三镇节度使的安禄山趁唐朝内部空虚腐败，以讨伐杨国忠为借口在范阳起兵，长驱直入，攻克长安。叛军入城后，烧杀抢掠，无所不为，对长安造成了严重的破坏。

"安史之乱"后，吐蕃趁唐朝国力衰微，出兵攻入关中，攻陷长安，抢掠了大量财物，并放火焚毁了大量宫室和民居，长安城内一派萧条。

建中四年（783年），淮西节度使李希烈发动叛乱，叛军攻入长安，抢掠府库财务，对长安又一次进行了洗劫。

乾符五年（878年），黄巢领导农民发动反唐的起义运动，义军势如破竹，很快攻陷长安，又一次对长安城造成了沉重打击。

天祐元年（904年），朱温胁迫昭宗迁都洛阳，为了使昭宗不再有回迁长安的可能，就下令彻底毁掉长安城，宫室官署、居民房舍都被毁坏殆尽。

这样，经过多次人为破坏以后，唐末的长安城已是千疮百孔、满目疮痍了。西安作为都城的历史就这样黯然结束了，从此进入了"后都城时代"。

第三章　洛阳

——九州腹地孕育十三朝繁华

一、古都概况

四合连山缭绕青，三川滉漾素波明。

春风不识兴亡意，草色年年满故城。

烟愁雨啸奈华生，宫阙簪裾旧帝城。

若问古今兴废事，请君只看洛阳城。

——（宋）司马光《过洛阳故城》

北宋文学家司马光的这首诗描写了北宋西京洛阳的风光，诗中的"洛城"指的就是古都洛阳。洛阳在历史上有多种名称，夏朝时称斟鄩，商朝时称西亳，西周和东周时称洛邑、成周、洛师，东汉时称雒阳，魏晋以后一直称为洛阳。

优越的气候条件和地理位置

洛阳有着优越的气候条件。洛阳地处东经 111.8° 至东经 112.59°，北纬 33.35° 至北纬 35.05° 之间，位于暖温带南缘向北亚热带过渡地带，属暖温带大陆性季风气候和亚热带季风气候，四季分明，气候宜人，雨量适中，年平均气温约 15℃，最高气温 40.4℃，最低气温－20.2℃，年平均降雨量约 630 毫米。

洛阳位于河南省西部伊洛盆地，因为地处洛河之北，所以称洛阳。洛阳四面环山，地势险要，周围有邙山、青要山、荆紫山、周山、龙门山、香山、万安山、首阳山、黛眉山、嵩山等 10 多座山岳。洛阳境内河渠密布，这些河流分属黄河、淮河、长江三大水系，黄河、洛河、伊河、涧河、瀍河等 10 余条河流蜿蜒其间，因此有"四面环山六水并流"之说。古代的洛阳环卫四塞，雄关林立，形势险固，周围有函谷关、伊阙关、广成关、太谷关、镮辕关、旋门关、孟津关、小平津关，合称"八关都邑"。另外，由于洛阳地处中原，交通便利，所以又有"十省通衢"之称。

"天下之中"诞生十三朝的繁华

洛阳横跨黄河中游南北两岸，"居天下之中"，素有"九州腹地"之称。洛阳西依秦岭，出函谷可达关中秦川；东临嵩山；北靠太行山，而且有黄河之险；南望伏牛山，有"宛叶之饶"，所以被称为"河山拱戴，形势甲于天下"。正因为有了这些优越的条件，所以洛阳自古以来一直是历代诸侯、群雄逐鹿中原的必争之地，成为历史上重要的政治、经济、文化中心之一。从中国第一个王朝夏朝开始，先后有商、西周、东周、东汉、曹魏、西晋、北魏、隋、唐、后梁、后唐、后晋等十三个朝代把洛阳当作陪都或是都城。洛阳有 4000 余年建城史，1529 年建都史，是中国建都最早、建都时间最长的古都，同时也是建都朝代最多的古都之一。

洛阳不仅是中国最早的政治首都，更是中华思想与文化的源头圣地，可谓"中华民族的精神首都"。中华民族最早的历史文献"河图洛书"出自洛阳。洛阳是中国70％宗族大姓的起源地，又是全球1亿客家人的祖籍地。洛阳历代科学泰斗、学术流派、鸿生巨儒、翰墨精英，更是照耀史册，灿若繁星。中国传统文化的产生和发展都与洛阳密切相关。中国许多历史名人、历史名著都与洛阳有着密切的关系。以洛阳为中心的河洛文化和河洛文明，是中华民族文化的核心和源头，构成了华夏文明的重要组成部分。

二、夏都斟鄩

——华夏第一都

大禹建夏都城始

传说禹治水成功以后，被推举为部落联盟的首领，建立夏朝。夏朝是中国历史上最早的一个朝代，夏朝的都城"斟鄩"也就成为了中国最早的都城。夏人活动的主要地区在今山西省南部、河南省北部的黄河两岸和山东省的西部，其中心在伊河、洛河下游及其周围地区，这里也是原来中原地区的核心，后人将汉族称为华夏族，即与此有关。夏人立国后，今洛阳一带逐渐成为其政治中心。当时这个国家的范围，北到山西省的长治，南达河南省伊水流域，西到陕西省华山一带，东至山东省黄河和济水之间。据推测，夏朝的势力和影响已达到黄河南北和长江流域。夏朝的都城经常迁移，但是其统治的中心长期是在河南省的西部伊河、洛河流域一带。20世纪50年代，考古人员在今河南省偃师市西南发现了二里头遗址，这就是夏代都城的遗址。

二里头遗址沿伊河、洛河呈西北—东南向分布，东西、南北各长约

3千米。在遗址的东南部有大型的宫殿遗址，四周有广阔的大路，纵横交错，大体呈井字形，构成中心区的路网。在宫殿区内还发现了三组排列有序的宫殿群，一号略呈正方形，面积近10000平方米，北有雄伟的殿堂，中有广阔的庭院，四周回廊环绕，南有宽阔的大门。二号宫殿的面积稍小，结构与一号相仿，包括围墙、回廊、大门、庭院和中心殿堂等。三号结构复杂、规模庞大，主体部分至少由三重庭院组成。

通过对二里头遗址发掘与研究，我们清晰地了解夏代都城附近地区有发达的农业、畜牧业、渔猎业和制陶、铸铜以及骨器、玉器、漆器、丝绸制作等手工业。

在二里头遗址的南部多处发现铜渣、熔炉碎块、陶范、木炭等青铜冶铸作坊遗留物，还有一些小件的铜器。由此可知，夏是我国最早铸造青铜器、最早进入青铜时代的朝代。尽管二里头遗址出土的青铜器中礼器数量少，种类也不多，仅鼎、爵、盉（hé）、斝（jiǎ）几种，但这标志着青铜礼器的出现并逐渐取代陶制礼器，最终在商周形成了以青铜礼器为主体的礼器群，构成了我国青铜时代以王权为核心的奴隶制礼乐制度的物质载体。

文字的发明，是人类由野蛮社会进入文明社会的重要标志。殷墟甲骨文，被文字学家认为是处于定型了的汉字的初期文字，但这是否是中国最古老的文字还没有定论。二里头遗址出土的陶器上，发现了许多"刻画符号"，有学者认为，这些"符号"中确实有早期文字的影子，分别表述数字、植物以及自然景象等。如，一（十）、二、三、六、七、八、木、禾、矢、井、山、射等，这些字在商代的甲骨文中均可找到相同或相似的字。

洛阳盆地目前发现二里头文化遗址50余处，形成以都城为中心，村落星罗棋布的聚落群。都城与村落反映了王室、贵族、平民与奴隶间的阶级分化。

二里头遗址是夏王朝中晚期的都城的故址。通过历史文献对斟鄩的记载和考古发掘情况的相互印证，可以推知，洛阳偃师二里头遗址应该就是夏都"斟鄩"。

暴桀失国夏都没

夏朝是世界上古老的奴隶制国家之一。奴隶制国家是建立在残酷剥削奴隶劳动基础之上的。奴隶不仅从事家内杂役，而且成批地被奴隶主赶到农田里去种地和放牧，他们是社会生产的主要支柱。可是，在奴隶主眼里，奴隶只是"会说话的工具"，奴隶主不仅可以随意把他们关进监狱，施以重刑，甚至还经常把那些不愿为自己作战的奴隶当作祭品杀死。与奴隶相反，奴隶主贵族则过着骄奢淫逸的生活。夏朝末年，社会矛盾更加尖锐。到夏桀即位，他更是暴虐无道，荒淫无耻。老百姓怨声载道。

与此同时，商族的首领汤对百姓采取宽松的政策，并招揽人才，使他的部落逐渐强大起来，为推翻夏朝的统治做好了准备。公元前1600年，商汤发动了灭夏战争，率大军击溃了夏军。夏桀逃出都城，死在了逃亡的途中，夏朝灭亡。商军攻入夏朝的都城，将宫殿宗庙都毁掉了，斟鄩成了一片废墟。

三、商都西亳
——在殷墟光芒下被遗忘的帝都

提起商朝的都城，也许很多人都会想起著名的安阳殷都，其实偃师商城——西亳同样是商朝重要的都城之一。西亳是商汤灭夏后，在河洛地区所建立起来的一座都城。商汤之后的外丙、中壬、太甲、沃丁、太康、小甲、雍己、太戊诸王均以此为都，前后共计200余年。

商朝的疆域，东部包括整个河南省东部地区，甚至影响到山东省济南一带，东南部已经到达安徽省巢湖以东地区，南部则在湖北省形成以黄陂盘龙城为中心的庞大的早期商朝聚落群，其势力已抵达洞庭湖畔的岳阳，西部则已经到达关中盆地的耀县、铜川一线，北部包括晋南、冀南地区并已影响到滹沱河、壶流河流域。但其统治中心一直在洛阳和郑州的"有夏之居"。当时的都城，西有偃师商城，东有郑州商城。有学者认为，这是中国历史上最早的"两京"制，称为"西亳"与"郑亳"。

商汤灭夏以后，最初定都于西亳，其地点在今河南省洛阳市下辖的偃师市。但由于西亳原为夏朝之地，大臣们反对将国都长期定在此地，所以商王只好将都城迁回商族的领地，因此才有了郑州商城。

商都西亳北依邙山，南临洛河，地势平坦，水源充足，自然成为营建都城的理想处所。偃师商城遗址由大城、小城和宫城三部分组成。小城位于都城的西南角，宫城位于小城中轴线的偏南位置。大城平面呈"厨刀形"，南部较窄，形状像刀柄。城墙总长度约5500米，面积近200万平方米。环绕大城城墙的是距离城墙10米之远的护城河。护城河宽约20米，深6米左右。在大城上有5座城门，即东、西城墙各2处，北城墙1处。小城平面呈长方形，东西长约740米，南北宽约1100米，面积约81万平方米。

城内通过城门的大道有两条，一条是通过大城西城墙北门沿小城北城墙外侧径直东行；一条是通过大城北城门径直南行。沿大城门西城墙外侧，护城河内侧有一条长达千米的顺城大道；沿大城东、北城墙内侧也有顺城大道。

宫城位于小城的中心部位，平面略呈方形，东西长约190—200米，南北宽约180—185米，总面积超过4.5万平方米。宫城中部为宫门。

宫城南部是宫殿建筑群，北部是池苑，两者之间是祭祀场所。宫城南部的宫殿建筑，可以分为东、西两区。东区为宗庙建筑。西区为宫殿建筑，主要是举行国事、处理政务的"朝"和王、后、嫔妃居住的"寝宫"，基本体现"前朝后寝"的宫室制度。宫城设计体现了布局对称、宫庙分离、前朝后寝和庖厨独立的特点，宫殿宗庙建筑坐北朝南，单元封闭，中轴对称。

为维持国家机器的主要支柱——官僚体系和军队的正常运转，需要粮库、武库等仓储设施。在紧依偃师商城西南角，东北距宫城不足100米的地方有一组占地面积达40000平方米的建筑群。据专家推测，这里应该是商代早期王室府库或武库。

偃师商城发现许多平民居住的小型房屋，主要集中在城内的中、北部。这些房屋建筑中，有单间或多间地面起建的木骨墙体房屋，面积在10—30平方米；也有中置木柱的半地穴式建筑，面积在10平方米左右；还有的房屋则修建在大坑之中，经过平整坑底，再压实周围墙基后修建而成，面积都在10平方米以内。

偃师商城建有城市供水、排水系统，水源来自大城东北的自然河，在接近大城的东北城角处注入护城河。城内的水系主要是宫城池苑以及与城外沟通的供水、排水渠以及多处水井。

在大城北部还发现了多处陶窑遗址，这些陶窑为竖穴，直径1—1.5米左右，由窑室、窑箅（bì）、窑柱、火膛、火门、操作坑组成。商人除沿袭先商以陶鬲作为主要炊器外，还兼用夏人常用的圆腹罐、深腹罐，但夏人的陶鼎则弃而不用。另外，商代还发明了一些陶器新的器形，如直壁簋（guǐ）、粗柄豆等等。

偃师商城的大城东北角、大城东城墙中段内侧以及宫殿区附近都发现冶铸青铜器的陶范、铜渣、木炭等遗物以及烧土面、烧土坑等遗迹。这些考古发现的遗迹遗物都表明，在大城修建之前这里曾是一处商代初年的大型青铜铸造作坊。

四、两周洛邑
——从陪都到国都

周公建洛邑

周武王灭商前，建都镐京。但是由于周朝新立，统治还不稳固，而镐京偏居西土，无法有效地控制周的广大疆域。为此，武王将目光放在了地处"天下之中"的洛邑上。但是武王迁都的愿望并没有实现，在灭商后的第二年，武王便去世了，他的儿子周成王即位，由成王的叔父周公旦管理朝政。周成王采纳周公的建议，开始营建洛邑。

成王五年（前1037年），周成王派太保召公到洛邑勘察筑城地点。三月五日，召公抵达洛阳。三月七日，召公指示殷朝工匠在洛水北岸勘察地形，测定城郭、王城、宫室、市场、居民区域和驻军营房的位置，又在南郊确定了明堂、宗庙等五大殿的地点。这一工作到三月十一日完成。三月十二日，周公也到达了洛邑，全面巡视了洛邑的规划情况，又进行了占卜。占卜的结果是在涧水东、瀍水西和瀍水东洛水之滨营建新都邑是吉祥之兆。周公于是将占卜的结果和建城规划呈送成王，得到了成王批准。三月十四日、十五日举行了隆重的开工典礼。三月二十一日，周公命令各方诸侯及殷朝工匠、被俘官兵和奴隶按照规划动工兴建。经过 10 个月的大规模营建，到十二月基本完工。

洛邑建成后，周人便把代表政权的重器"九鼎"从殷都迁往洛邑，这标志

周公姬旦

着洛邑正式成为西周的东部国都。这样，西周就有了两座都城，他们把西方的镐京称为"宗周"，把东方的洛邑称为"成周"。

西周成周的整体布局

成周方圆约 30 千米，内有一座方圆约 4 千米的小城，即王宫，也称王城，位于洛河以西，是帝王、贵族居住的地方，王宫和政府机构就设在这里。王宫是成周建成后，成王定都洛邑时居住的地方。以后历代周王巡幸东都也多住在此处。康王时，王宫扩建后改称康宫。

大社是社稷神坛，庄严肃穆，气氛威严。当时天子举行登基大典，祭祀天地神灵，多在此地。成王定鼎洛邑，也就是将九鼎安置在此。

成周城中还有周公宫、太保殿、京宫等。周公宫是西周顾命大臣周公旦的住处。他在成周任职卿事寮时就住在这里。他也常在这里会见诸侯和各级官员，召集各种会议，处理国家大事。

太保殿是西周另一位顾命大臣宗周卿事寮长官召公的居所。召公虽然在宗周主持政务，但也常来成周向成王禀报事情。平时这座宫殿内也常召见诸侯，商讨国事。四方诸侯云集成周朝觐成王，也是在太保殿进行。

南郊的丘兆为皇家祭祀祖先的地方，其中有五座宫殿，即太庙、宗庙、考宫、路寝、明堂。许多重要的国事活动也都在这里举行。

飘摇东周定洛都

西周末年，周幽王昏庸荒淫，烽火戏诸侯，结果导致犬戎入侵时没有诸侯国前来援助，都城镐京被犬戎攻陷，周幽王也死于骊山。周平王即位后，由于镐京已经在犬戎的入侵中遭到大面积破坏，并且为了避免再次遭到犬戎的侵略，只好在王室贵族和诸侯保护下，于公元前770年将国都迁到洛邑，史称东周。

东周分为春秋和战国两个时期。从公元前770年平王东迁，到公元前256年为秦所灭，是诸侯争霸和列国争雄的时代。东周是一个徒有虚名的王朝，到战国末期，只是一个小小的城国，在列国纷争的夹缝中求生存，实际势力只在王城附近的一个狭小地盘上。

东周只有洛邑一个都城。但东周时期的洛邑仍分为两座城：一个是王城，是帝王居住的地方。一个是成周，是一处军事要地。从周平王开始，桓王、庄王、釐（xī）王、惠王、襄王、顷王、匡王、定王、简王、灵王、景王、悼王、赧王14个帝王，居住在王城，历时310年；敬王、元王、贞定王、哀王、思王、考王、威烈王、安王、烈王、显王、慎靓王11个帝王，居住于成周，历时205年。洛阳作为东周都城共历时515年，历经25个帝王。

东周洛邑的整体布局

东周王城位于涧河两岸，南临洛河，呈不规则长方形。南北长约

3500米，东西宽约3000米，占地约10平方千米，城墙宽约8—15米。

东周王城的布局分东西两大部分，西部为宫殿、仓廪、作坊区，东部为墓葬区。考古人员在东周王城遗址西南角发现了大量的建筑物遗迹，其中有一组朝向近正南北，四周围有东西长约344米、南北宽约182米的长方形围墙，正门在南面。在围墙内有多处长方形、方形和其他形状的建筑基址。据推测，这些应该是东周王城宫殿区遗址。

东周王城西北角有一处规模很大的战国时期的烧制陶器的窑场，在约1500平方米的范围内就发现15座陶窑。这座窑场可以大规模生产多个品种、规格的标准化的陶器，产品有盆、罐、豆、壶、甑、碗等日用容器，板瓦、筒瓦、瓦当、瓦钉、井券等建筑材料以及鼎、豆、壶、盘等墓葬明器。在窑场的西南方发现了青铜铸造作坊。另在窑场的东南方还有大型制玉作坊。

东周王城的城市布局完全符合《周礼·考工记》中的"前朝后市"的规划要求。

东周王城东半部为墓葬区。这里已发现的东周墓葬数以万计。这些墓葬的年代可分为春秋早、中、晚和战国早、中、晚六个时期，涵盖了东周自开始至灭亡的整个历史时期。整个墓区墓葬可分为大型、中型和小型墓葬。大型墓葬共发现16座，为带墓道的大型竖穴墓。墓室近方形，长和宽都在8—10米，葬具为单棺单椁或单棺重椁，墓道有单墓道、双墓道和四墓道三种，分别被称为"甲"字形、"中"字形和"亚"字形大墓。主墓道位于墓室南侧，长度可达40—80米。这些大墓中有铜剑、铜尊、铜鼎和玉璧、玉璜等陪葬品。这些应为王室成员的墓。中型墓数以百计，为无墓道长方形竖穴墓，墓室一般长3—7米，宽2—6米，一般为单棺单椁，其中有青铜礼器、兵器、车马器、玉器等陪葬品。这些为卿大夫和士的墓。小型墓也是长方形竖穴墓，墓室一般长 2—3 米，宽 1—2 米，随葬品以陶器为主。

东周成周城也称下都，位于今瀍河东 17 千米的孟津县翟泉。鲁昭公三十二年（前 510 年），周敬王在晋侯支持下由各诸侯国帮助营建成周城。城内的宫殿有宣榭、襄宫、滹宫等。该城最早是周武王灭商返回镐京时在洛阳"营周居于洛邑而后去"的洛邑。

成周是当时青铜铸造业的中心。考古人员在洛阳发现的西周前期王室铸铜作坊遗址，面积达 20 万平方米，主要铸造鼎、簋、尊、爵、瓿等青铜礼器，还兼铸车器和兵器。当时的冶炼技术已很高超，熔铜以木炭为燃料，采用内加热的大型竖式鼓风熔炉，温度可达 1200℃—1250℃。铸造过程中已使用了制模、雕花、合范、修饰等复杂的工艺流程，并且铜、铅、锡配料比例会因器物用途不同而变化，可见当时是分别冶炼出铜、铅、锡后再配料熔制青铜合金，从而可知当时的青铜冶铸技术已发展到很高水平。

五、东汉雒阳

——后汉盛衰在东都

光武挥鞭定雒都

西汉建立以后，汉高祖刘邦曾经想把都城设在洛阳，但是最后在张良等大臣的建议下，还是选择了长安作为都城。但是，洛阳在西汉时一直是全国性的大城市。25 年，汉光武帝刘秀即位，决定迁都洛阳，史称东汉。刘秀信奉五行之说，因为汉为火德忌水，所以把"洛阳"改为"雒（luò）阳"。从汉光武帝定都雒阳，至汉献帝迁都长安，雒阳作为都城共经历了汉光武帝、明帝、章帝、和帝、殇帝、安帝、顺帝、冲帝、质帝、桓帝、灵帝、献帝共 12 个帝王，历时 196 年。

东汉雒阳的整体布局

东汉雒阳城遗址位于今洛阳市区东约 15 千米处，北靠邙山，南临洛河。东汉雒阳城被称为"九六城"，是因为该城"东西六里十一步，南北九里一百步"，取长宽整数之故。雒阳城的东城墙长约 3895 米，西城墙长约 4290 米，北城墙长约 3700 米；南城墙因洛河河道位置移动，遗址已经不存在了，无法测定具体长度。城墙一般宽度为 14—30 米。整个雒阳城总面积约为 16 平方千米，形状为不规则长方形。共有 12 座城门，其中南面有四座城门，由东向西分别为开阳门、平城门、宣阳门和津阳门，平城门为洛阳城的正门；东面有三座城门，由北向南分别为上东门、中东门和望京门；西面有三座城门，由南向北分别为广阳门、雍门和上西门；北面有两座城门，东面的为谷门，西面的为夏门。每座城门都有三个门道，与城中的三条街相通，其中中间的一条较宽，又称御道，是专供皇帝出入行走的道路。为加强安全，御道的两旁都修有护卫墙。

据《汉典职仪》记载，雒阳城内共有 24 条街，每条街有一个街亭。现已在城内探出南北大街 5 条，东西大街 5 条，最长可达 2800 米，最短仅 100 米。它们纵横全城，既与各城门相通又互相交叉，形成许多十字路口和丁字路口。

皇城的行政区和宫廷的生活区等均在洛河的北岸。

皇城内主体建筑是南北两宫，两宫之间相距约 3 千米，有屋顶覆盖的复道相连。南宫的北门与北宫的南门正好相对，使整个宫城的平面显示出一个清清楚楚的"吕"字形。两宫均筑有宫墙，屯兵千余人，警卫森严。宫门之外置朱雀、苍龙、白虎、玄武等宫阙，其中以正南门朱雀阙最为壮观。南宫是皇帝及文武百官朝贺议政之所，宫殿有崇德殿、却非殿、九龙殿、玉堂殿、嘉德殿、千秋万岁殿等20余座。北宫是皇帝嫔妃的住所，也是宏伟建筑成群，有德阳殿、宣明殿、章台殿、天禄殿、迎春殿、寿安殿、永安宫和濯龙宫等等。德阳殿为北宫正殿。

雒阳城内外还有许多台、观、馆、阁，如清凉台、温明台、皇女台、东观、白虎观、平乐观、临洛观、平乐馆、东观藏书阁、石渠阁、麒麟阁等等。其中如东观、白虎观、平乐观为人们所熟悉。东观位于南宫，是东汉收藏图籍、编修史书的地方。白虎观位于北宫白虎门（宫西门）内，为东汉讲学的地方。平乐观位于上西门外，是校阅兵将的地方，观上有高台可凭眺，观下有平乐馆是权贵宴乐的地方。

此外东汉在北宫东北设有太仓、武库，南宫东南设太尉府、司空府和司徒府。

为供帝王游猎，皇家还在雒阳城内外修建了许多苑囿和池沼，如芳林苑、上林苑、西苑、鸿德苑、显扬苑、长利苑、灵琨苑、菟苑、濯龙池、灵芝池、御龙池等等。东汉雒阳城内外的宫苑池沼，景色秀丽，犹如仙境。

东汉营建都城雒阳时就对城内水系作了周密的规划。当时引谷水东注，沿邙山由西向东绕城一周，并引数条水渠注入城中，然后出城向东汇入洛水。城中水系不仅解决居民饮用水问题，而且使都城因水而增添灵气秀色。此外，城市水系还可以用作防御设施（护城河）与城外沿线的农田灌溉渠道。

由平城门向南，跨过洛河约1千米处，便是洛阳城的专属文化区

"三雍"的所在。"三雍"即灵台、明堂和辟雍。灵台是国家天文台，明堂是"天子太庙"，辟雍则是"天子之学"。

东汉明堂位于雒阳城南，开阳门外路西、平城门外路东。明堂也称高庙，是皇帝祭祀祖先的太庙。明堂近方形，南北长400米，东西宽386米，四周筑有围墙。

东汉辟雍位于雒阳城南开阳门外路东，在明堂东面150米。辟雍是古代的礼制建筑，西周时天子所设的大学，即"天子之学"。辟雍三面环水，为的是使观看的人不能靠近，其北面是没有水的，是为了供人出入使用。每年农历的三月和九月，皇帝要在辟雍举行乡射礼，这里是"行礼乐，宣德化"的地点。辟雍平面为正方形，长宽各约170米，是由四组不同方位的"品"字形建筑组成。

东汉灵台位于雒阳城南平城门外路西，东邻明堂。灵台的建筑规模很大，占地大约4.4万平方米。其主休建筑是位于四周筑有高墙的高台，高约14米。在高台的四周各有上、下两层平台，下面的平台都有建筑。上层平台的西部地下有当年张衡制作浑天仪的"密室"。灵台的顶部是观测天象的场所，四周的建筑供研究人员观测和整理资料所用。

根据《东观汉记》《帝王世纪》《后汉书》记载，葬于雒阳城西北邙山顶的有光武帝原陵、安帝恭陵、顺帝宪陵、冲帝怀陵、灵帝文陵，葬于雒阳城东南洛河南岸的有明帝显节陵、章帝敬陵、和帝慎陵、殇帝康陵、质帝静陵、桓帝宣陵。陵区内土冢林立，其中有民间俗称"大汉冢""二汉冢"和"三汉冢"，由北向南一字排开，高大雄浑。

东汉雒阳商业活动非常活跃，南郊外设南市，东郊外设专门买卖牲口的马市，西门外设专供王公贵族用的金市。城西还有专门买卖特产杂货的雒阳大市，方圆约3.3千米，市北是卖棺椁和租赁丧车的地方，市西专门卖酒。市场内经营的货物无所不包，珍贵的如绵绣、犀角、象牙、金银、珠玉、琥珀等等。自班超通西域之后，西域商人也不断来到雒阳经商，官府在雒阳城外设有"胡桃宫""蛮夷邸"，接待西域商人，并在城南的洛河南岸设有专门进行国际贸易的四通市，用来和西域客商进行交易。作为东汉国都的雒阳，是当时对外贸易的大都会，"丝绸之路"的东方中心。

灿烂文化汇雒都

东汉时期文化艺术荟萃雒阳，群星灿烂。据《后汉书·儒林传》记载，汉光武帝定都雒阳，从长安运来"经牒秘书""二千余两（辆）"，辟雍、东观、兰台、石室、宣明殿里都珍藏有"典册文章"。四方学士、名士大儒云集雒阳，或讲授游学，或著书立说，均有成就。如光武以来经学极为盛行，著名经学家如桓谭、杜林、郑兴、马融、郑玄、班固、王充、贾逵、蔡邕（yōng）、张衡、许慎等在雒阳，无不成绩卓著，其中如郑玄注《毛诗》《周礼》《仪礼》《礼记》，何休注《公羊传》，集经学之大成。大思想家王充著《论衡》，是一部朴素的唯物主义哲学著作；班固著《汉书》，许慎著《说文解字》，各是我国史学、文字学的名著。在文学创作方面，贾谊的《过秦论》《吊屈原赋》，班固的《白虎通义》《两都赋》，张衡的《二京赋》《思玄赋》，蔡邕的《郭泰碑》《述行赋》，建安诗人曹植的《洛神赋》《赠白马王彪》等等，都是中国文学史上的佳作。

太学是东汉政府的国立大学，于光武帝建武五年（29年）建立。东汉太学建于城南的开阳门外，历代对此屡加扩建。建武二十七年（51年），建造太学讲堂。永建六年（131年）九月，汉顺帝批示扩修太学，用工多达11.2万人，至次年八月竣工，建有240房、1 850室，使太学达到了空前的规模。太学里，负责行政、教学的最高领导均由皇帝亲自任命，以示重视。太学集中了全国最有权威的经学大师作为教学力量，每经设博士一人，称博士官，也由皇帝任命。太学的校长称"太常"，全面主持太学工作。负责教学总体工作的称"博士祭酒"，担任这一工作的一般是博士官中最德高望重者。太学的教学内容为儒家经典。在方法上，类似现在的大班上大课、自修，也有较早入学的学生教授后来入学的学生。我们所熟知的像王充、班固、张衡等一批著名人物都是从太学毕业的。

白虎门内的兰台是东汉的国立图书馆，是明帝以前国家撰修和校订图书的地方。班固的《汉书》就在此处完成。至章帝、和帝时，将国立图书馆转移到了南宫的东观，成为新的国家图书收藏中心和学术研究中心。据载，东观所藏图书典籍达7万余车，究竟是多大的车无法考证，但其所藏书数量之多是确定无疑的。在这里，由数名史学家在《汉纪》的基础上集体创作并完成了东汉国史《东观汉记》。另外，东汉雒阳尚有石室、宣明殿和鸿都门等藏书处，均为重要的国立图书馆。

东汉雒阳绘画艺术也是成就斐然，当时画师已经创造并掌握了白描法、写意法、没骨法、渲染法等我国独有的绘画技法，为中国传统国画的创新和发展奠定了坚实的基础。汉代的歌舞杂技艺术称为"百戏"，如七盘舞、杯盘舞、寻橦、飞剑、跳丸等等，不胜枚举。雒阳及其周边东汉墓中出土的百戏俑和壁画、画像石中，都可以找到表现倒立、跳丸、飞剑、舞盘、吐火、雀戏、象戏、歌舞、管弦乐器演奏等形象，当时百戏的盛行可见一斑。

汉末乱世毁雒城

步登北邙阪，遥望洛阳山。

洛阳何寂寞，宫室尽烧焚。

垣墙皆顿擗（bó），荆棘上参天。

不见旧耆老，但睹新少年。

侧足无行径，荒畴不复田。

游子久不归，不识陌与阡。

中野何萧条，千里无人烟。

念我平常居，气结不能言。

——（东汉）曹植《送应氏（其一）》

曹植的这首诗描写了东汉末年惨遭焚毁的雒阳城的景象。《后汉书·董卓传》记载，初平元年（190年），董卓胁迫汉献帝迁都长安，并强迫雒阳百姓入关，沿途由于人员拥挤，互相践踏，死尸满路。就在汉献帝的车驾到达长安的时候，雒阳便燃起了大火，雒阳的宫室、庙宇和房屋都化为灰烬。初平二年（191年），董卓又挖掘了雒阳汉代历代皇帝的陵墓。

建安元年（196年）七月，在外面流亡了数年的汉献帝又回到了雒阳，此时的雒阳已是一派惨不忍睹的景象。昔日豪华繁盛的京城，变为一片废墟。由于劫后的雒阳已经无法作为都城，不久曹操便挟持汉献帝迁都许昌，雒阳作为东汉国都的历史就此结束。

六、魏晋洛阳
——洛都不寂寞

魏武遗愿还洛京

曹操挟持汉献帝迁都许昌后，由于雒阳的优越的条件，依然想将都城迁回雒阳。但是由于雒阳在战乱中遭到的破坏过于严重，所以只好暂时将此事搁置。建安末年，曹操西征关中归来，即命令百姓重修雒阳城。然而，直至这位"奸雄"与世长辞，他迁都的夙愿也没有完成。

建安二十五年（220年），曹操之子曹丕在许昌逼迫汉献帝"禅位"，改国号为魏，称魏文帝。这一年的十二月，迁都雒阳。据《三国志·魏志·魏文帝纪》记载，曹丕以魏为土德，"水得土而乃流，土得水而柔"，于是改"雒阳"为"洛阳"。曹魏建国不久，政权逐渐落入司马懿父子手中。咸熙二年（265年），司马炎逼迫元帝曹奂"禅位"，改国号为晋，建立晋朝，史称西晋，司马炎称晋武帝，仍然定都洛阳。曹魏五帝，历时46年；晋武帝下传三帝，历时52年。这段时期洛阳始终作为都城。建兴五年（317年），晋元帝司马睿为了避"五胡之乱"，迁都建康（今江苏省南京市），西晋结束，东晋开始。

魏晋洛阳的整体布局

魏晋洛阳城是在东汉雒阳城的废墟上重建的，城市的规模和布局与东汉时基本相同。黄初元年（220年），魏文帝开始营建洛阳宫；太和元年（227年），魏明帝曹叡营筑宗庙；自青龙三年（235年）开始，魏明帝营造昭阳、太极诸殿，在洛阳西北角筑金墉城。

西晋时期则多在曹魏宫殿的基础上修整增饰。曹魏的皇城东西宽近3千米，南北长约3.7千米，城墙外为护城河，阳渠环绕城四周。皇城有12座城门，基本上沿用东汉的旧城门，稍作修整，并改换了名称。东面的3座城门由北向南依次为：建春门、东阳门、清明门；南面的4座城门由东向西依次为开阳门、平昌门、宣阳门、津阳门；西面的3座城门由南向北依次为：广阳门、西明门、阊阖门；北面的2座城门，西面为大厦门，东面为广英门。

皇城内最重要的是宫城，位置居中偏北。宫城北面有芳林园，西面是金墉城、洛阳垒、金市，南面为官衙公署。

金墉城位于皇城西北角。该城建于魏明帝时，东、北、南三面有门，分别为：含春门、趯（yuè）门、乾光门。50步设一个女墙（城墙上呈凹凸形的短墙），以供瞭望，百步设一座楼橹（攻城或守城用的高台战具），以便防卫；屋台上放置一口大钟，以和漏鼓。城墙外西北角为广榭，是胜夏季节避暑之地。城西有绿水池，遥望南城上的西楼和东观。

魏晋洛阳城中最为著名的皇家苑囿为位于城内东北角的华林园，是魏文帝在东汉濯龙园、芳林园的基础上修造的，北魏时又加修缮。当时园西北角有人工筑成的景阳山，是魏明帝时公卿大臣负土堆积而成的。景阳山以东为东汉天渊池，池中有三坛。魏晋之时京城私家宅园当首推位于城外北部邙山脚下的西晋富豪石崇的别馆金谷园。金谷园中有清澈的溪流泉水、茂密的苍松古柏，春天百花争艳，金秋硕果飘香，简直如同人间仙境。"金谷春晴"成为著名的"洛阳八景"之一，金谷园也成了奢华富丽的代名词。

晋统一中国之后，社会稳定，经济发展，同时也促进了商业贸易的繁荣。当时在洛阳城内宫城西设金市，在城东设马市，在城南设羊市。此外还有专门卖药物、水果的市场等。常平仓是国家设立专为保证粮食平稳供给的粮仓。常平仓设在市内说明东、西二市内有大规模的粮食交易。在洛阳经商的不仅有全国各地的商贩，还有来自外国的"国际商人"。这时的洛阳和东汉末年的残破景象无法比拟，成了当时最为繁荣的工商业城市之一。

魏晋时期洛阳的繁华是靠发达的交通来维系支撑的。洛阳自古就是河川交叉之地，到了魏晋，水道更加繁密畅通。以鸿河水系为中心的水道网，以黄河、汴水、泗水、淮河为纲，连接了今鲁西、苏北、皖北、豫东一带的大平原。而鸿河水系和黄河、洛水是洛阳交通的三条大干线。

除了水道，洛阳的陆路也是四通八达。在魏明帝时，从洛阳过河内郡一带而到达辽河一带的交通线，已经畅通无阻。后来，在洛阳东南的黄河渡口孟津架浮桥，使黄河以北的交通更加便利安全。四通八达的交通使洛阳不仅重新成为黄河流域的政治经济中心，而且使洛阳与淮河流域以及长江下游连成一片，对巩固西晋王朝对全国的统治大为有利。

魏晋文化
——乱世中的奇葩

魏晋时期，洛阳的文化科学发达，涌现了"竹林七贤""金谷二十四友"等杰出人物，他们都生活在洛阳。

魏正始年间（240—249 年），嵇康、阮籍、山涛、向秀、刘伶、王戎及阮咸等七人常聚在当时的山阳县（今河南省辉县市、修武县一带）竹林之中喝酒纵歌，被世人称为"竹林七贤"。其中，嵇康和阮籍的成就最高。阮籍的《咏怀》诗 82 首，多以比兴、寄托、象征等手法，隐晦曲折地揭露最高统治集团的罪恶，讽刺虚伪的礼法之士，表现了诗人在当时的政治恐怖下的苦闷情绪。嵇康的《与山巨源绝交书》，以老庄崇尚自然的论点，说明自己的本性不适合出仕，公开表明了自己不与司马氏合作的政治态度，文章颇负盛名。

西晋太康年间（280—289 年），出现了一个创作风格上具有鲜明特点的文学流派，即"太康文学"，其代表人物为刘琨、陆机和陆云兄弟、欧阳建、石崇、潘岳、左思、郭彰、杜斌、王萃、邹捷、崔基、刘瑰、周恢、陈眕、刘讷、缪征、挚虞、诸葛诠、和郁、牵秀、刘猛、刘舆、杜育等二十四人。他们经常聚集在石崇的别墅洛阳金谷园中，谈论文学，吟诗作赋，时人称之为"金谷二十四友"。潘岳，字安仁，位列"金谷二十四友"之首。他精于诗赋，南朝梁钟嵘在《诗品》中将潘岳作品列为上品，并有"潘才如江"的赞语。陆机、陆云兄弟是"金谷二十四友"中的另外两位重要人物。陆机的代表作有《辩亡论》，该文分析了孙权占据江东、孙皓败亡的原因。陆机还积极主张分封制，他在《五等论》中阐明了这一观点。陆云一生著述很多，文章有349篇，并著有《新书》。陆机、陆云兄弟被后人称为"二陆"。"金谷二十四友"中，成就较高的还有挚虞，他将古代文章分类编集，名为《文章流别集》，共30卷，具备各种文体，是东汉王逸《楚辞章句》后规模最大的文章总集。

关于"金谷二十四友"，还有很多逸事广为流传，其中最著名的当属左思的"洛阳纸贵"。左思初到洛阳时，还是个默默无闻的年轻人。当他读过东汉班固写的《两都赋》和张衡写的《两京赋》，虽然很佩服文中宏大的气魄、华丽的文辞，写出了东都洛阳和西都长安的京城气派，可是也看出了其中虚而不实、大而无当的弊病。从此，他决心依据事实和历史的发展，写一篇《三都赋》，把三国时魏的北都邺城、蜀都成都、吴都建业写入赋中。为写《三都赋》，左思开始收集大量的历史、地理、物产、风俗人情的资料。收集好后，他闭门谢客，潜心创作。他在住所的四处都放有纸笔，一

有了灵感，就立刻记下来。他还常常昼夜冥思苦想，往往好久才推敲出一个满意的句子。就这样经过 10 年的时间，这篇凝结着左思甘苦心血的《三都赋》终于完成了。但是当左思把他的《三都赋》给文人们看时，却被他们贬得一无是处。左思不甘心自己的心血遭到埋没，于是找到了当时的著名文学家张华。张华读了《三都赋》以后，认为是一篇佳作，可以和班固、张衡的作品媲美。左思又将自己的作品交给当时的名士皇甫谧（mì），皇甫谧看过《三都赋》以后也对文章予以高度评价，并且欣然提笔为这篇文章写了序言。他还请来著作郎张载为《三都赋》中的《魏都赋》做注，请来中书郎刘逵为《蜀都赋》和《吴都赋》做注。在名人作序推荐下，《三都赋》很快风靡了都城洛阳，文人们无一不对它称赞不已，并争相传抄，致使洛阳的纸价也随之大幅上涨。"洛阳纸贵"这个成语也流传至今。

魏晋帝王为培养人才，沿袭东汉的做法开小太学，聘任名儒担任教授。魏明帝正始二年（241 年），在太学讲堂西侧树立用古文、小篆、隶书三种字体镌刻的石经，史称"正始石经""三体石经"。西晋之时，太学学生从立国初年的 3000 余人，10 年间发展到 10000 余人。

七、北魏洛阳

——北方一统归洛都

拓跋南迁都洛阳

北魏王朝是由鲜卑族拓跋部建立的政权。鲜卑族原来活动在东北的大兴安岭一带，以畜牧打猎为主。在十六国对期，鲜卑拓跋部逐渐强大起来，控制了中国华北地区。天兴元年（398 年），道武帝拓跋圭迁都平城（今山西省大同市），建立了以鲜卑族拓跋部贵族集团为主、汉族地主集团为辅的封建政权——魏国，史称"北魏"。接着，拓跋圭以强大军事力量逐渐统一了北方。

北魏统一北方后，政治经济中心开始南移。延兴元年（471年），孝文帝拓跋宏即位，太和十一年（487年）亲政。孝文帝为统一全国，想要将国都从平城迁往洛阳。太和十七年（493年），孝文帝亲率大军来到洛阳，居住在金墉城，宣布迁都洛阳，并开始大兴土木，营建宫室。太和十九年（495年），正式迁都洛阳。

北魏将都城设在洛阳共41年，历经孝文帝、宣武帝、孝明帝、孝庄帝、长广王、节闵帝、安定王、孝武帝等8个帝王。

北魏洛阳的整体布局

北魏洛阳城是在魏晋洛阳城的基础上发展起来的，城内的宫殿园圃建筑与魏晋时相比有了很大的变化和发展，其中最重要的是废除了东汉以来南北两宫制度，将南宫废弃不用。除了在金墉城内修光极殿和许多重楼飞阁外，又在东汉北宫故址上新建宫城，宫城南部为宫区，北部为苑区。宫区内殿堂宫室鳞次栉比，如太极殿、观德殿、明光殿、显扬殿等，极为壮观。北部的苑区，据《洛阳伽蓝记》记载，宫城西北千秋门内，道北有西游园。园中的凌云台原为曹魏文帝所建，右上有八角井。北魏孝文帝在井北造凉风观，登观远望，能够尽赏洛水风光；台下有碧海曲池；台东有宣慈观，离地30米多高。观东有灵芝钓台，出于海中，离地60多米高。钓台南面有宣光殿，北面有嘉福殿，西面有九龙殿。各殿都有飞阁与灵芝台相通。位于宫城北面的华林园，也是东汉魏晋故园。园中有九华台，北魏孝文帝在台上造清凉殿，宣武帝时在池内又造蓬莱山，山上有仙人馆、钓台殿、虹霓阁，池西南有景山殿，蓬莱山的东面羲和岭上有温风室，山的西面姮娥峰上有寒露馆，山的北面有玄武池，山的南面有清暑殿，殿东西又有临涧亭和临危台等等。

北魏洛阳城由宫城、内城和外郭城组成。北魏宫城位于全城北部略偏西，平面呈长方形，南北长 1400 米，东西宽 660 米。四面设宫墙，城墙上设有 4 座城门，东、南面各设 1 座城门，西面设 2 座城门。北魏洛阳城墙、城门，沿用东汉、曹魏、西晋旧城，城四周共开 13 座城门，东面有 3 座城门，为建春门（汉上东门）、东阳门（汉中东门）、青阳门（汉望京门、晋清明门）；南面有 4 座城门，为开阳门、平昌门（汉平城门）、宣阳门、津阳门；西面有 4 座城门，为西明门（汉广阳门）、西阳门（汉雍门、晋西明门）、阊阖门（汉上西门）、承明门（北魏增辟）；北面有 2 座城门，为大夏门（汉夏门）、广莫门（汉谷门）。

城内交通发达，有东西向和南北向大街各 4 条，与城门相通。其中，从宫城阊阖门直通平昌门的南北大街，宽 42 米，为京城中心大道铜驼街，铜驼街两侧分布着中央官署和社庙。

北魏在城墙之外又增修外郭城，在外郭城内设置里坊，京城规模比魏晋洛阳城更宏大。

北魏洛阳工商业非常繁荣，当时在外郭城内没有固定的商业区。据《洛阳伽蓝记》记载，城西西阳门外四里御道之南为洛阳大市，市东有通商、达货二里，居住的大多是从事手工生产和贩卖货物的人，资财巨万；市南有调音、乐律二里，从事乐器生产与买卖；市西有退酤、治觞二里，多是酿酒作坊；市北有慈孝、奉终二里，以卖棺椁，出租丧车为业；另外市内还有准财、金肆二里，是富人住宅。城东青阳门外三里御道之北有孝义里，里东为"洛阳小市"。城南有"四通市"。当时洛阳城内有许多来自域外的客商和从业人员，他们生活在京城洛阳并留下历史的遗迹。北魏京师洛阳城，是当时"丝绸之路"的东方起点，是一座国际贸易大都会。

佛教在北魏的兴盛

北魏时期，由于统治者信奉佛教，开始大规模修建佛寺，因此洛阳城内寺院林立，据《魏书·释老志》记载，北魏孝武帝永熙三年（534年），洛阳有佛寺1367所。其中永宁寺，是孝明帝熙平元年（516年）灵太后胡氏所造，位于宫前阊阖门南一里御道之西，是北魏洛阳规模最大的著名佛寺。《洛阳伽蓝记》记载，永宁寺中有九层木结构佛塔，高300多米，距离京师百里之外就能看到。佛塔北面有佛殿，形若太极殿。寺内僧房楼观1000余间，外国赠送的经卷都珍藏在寺内。

北魏孝文帝崇尚佛教的另一个举措是开凿石窟佛龛。北魏迁都洛阳后在都城洛阳附近开凿的佛窟有龙门石窟、巩县石窟、偃师水泉石窟、孟津煤窑石窟、新安西沃石窟、宜阳虎头寺石窟、嵩县铺沟石窟、伊川吕寨石窟等，其中以龙门石窟规模最大。

龙门石窟
——中国石刻艺术的宝库

龙门位于北魏洛阳城西南约25千米，梁山对峙，伊水北流，形成天然门户，春秋时始称"伊阙"，东汉时又开始称"龙门"。

龙门石窟开凿于北魏孝文帝迁都洛阳之际（493年），之后历经东魏、西魏、北齐、隋、唐、五代、宋等朝代400余年的营造，其中北魏和唐代大规模营建有140多年，从而形成了南北长达1千米，存有窟龛2345个、佛像10万余尊、碑刻题记2800余品的大型石窟群。

北魏在这里开凿的窟龛全部集中在伊阙西山崖石之上，约占现有龙门窟龛造像总数的 30%。其中，古阳洞、宾阳洞、莲花洞等是魏窟代表作。

古阳洞是一批支持孝文帝迁都洛阳的王公贵族和高级将领为孝文帝雕造的，开凿时间大约在孝文帝从平城迁都洛阳前后。洞高 11 米，宽 6.85 米，进深 14.5 米。早期造像在上部，较晚的造像在下部。后壁雕造高大的一佛二菩萨，主像释迦牟尼，高 4.8 米。左右两壁分成上中下三层，上层为四个尖拱龛。龛内跌坐释迦世尊像，衣纹细薄贴肉，还保存着云冈北魏初期的风格；中层为四个楣拱龛，龛内是弥勒菩萨像，龛口上有飞天装饰，线条流畅，是北魏较早的风格；下层也有几个北魏小龛，造像时代为北魏晚期。古阳洞中北魏的造像铭记，字体严谨、笔姿厚重、沉稳刚毅、雄健挺拔，是书法艺术珍品，现流传的魏碑精华"龙门二十品"，其中有十九品出自古阳洞。

据《魏书·释老志》记载，宾阳洞是北魏宣武帝为孝文帝和文昭皇太后做"功德"而营建的，历时 24 年。其中，宾阳中洞雕像完整，富丽堂皇，是北魏迁都洛阳后最有代表性的洞窟。洞窟南北宽 10.90 米，高 9.30 米，进深 12 米。穹窿顶，马蹄形平面，地面饰莲花图案，窟顶中心是一朵盛开莲花，周边围以流苏装饰、8 个伎乐天人和 2 个供养天人，构成莲花宝盖。后壁主像释迦牟尼佛，旁边侍立着弟子迦叶、阿难以及文殊菩萨、普贤菩萨。主佛前两侧圆雕一对弓腰疾走的狮子。前壁两侧有浮雕三层，上二层为佛传故事，第三层为帝后礼佛图，左为"皇帝礼佛图"，右为"皇后礼佛图"。两幅图各宽 4 米，高 2 米，分别以孝文帝和文昭皇太后为中心，组成南北相对的礼佛队列。这两幅图被视为北魏最优秀的雕刻艺术品。

龙门石窟被列为中国四大石窟之一。龙门石窟延续时间长，跨越朝代多，以大量的实物形象和文字资料从不同侧面反映了中国古代政治、经济、宗教、文化等许多领域的发展变化，对中国石窟艺术的创新与发展做出了重大贡献。2000 年 11 月，联合国教科文组织将龙门石窟列入《世界文化遗产名录》，世界遗产委员会评价："龙门地区的石窟和佛龛展现了中国北魏晚期至唐代（493—907 年）期间，最具规模和最为优秀的造型艺术。这些详实描述佛教宗教题材的艺术作品，代表了中国石刻艺术的最高峰。"

北魏分裂洛阳毁

北魏统治后期，民族矛盾激化，各地民族起义不断，北魏政权土崩瓦解。

永熙三年（534 年），北魏分裂为东魏、西魏，西魏建都长安，东魏建都邺城。东魏统治者为了迁都，就强迫洛阳的百姓跟着迁徙，拆除洛阳的宫殿，将建筑材料运往邺城。后来，东魏、西魏又在洛阳一带展开了争夺战争，使洛阳再次遭受严重的破坏，城郭毁坏，宫室倾覆，寺观化为灰烬，庙塔成为废墟，城内野兽出没，儿童在街上放牧，农民在皇宫里种田。洛阳在纷纭的战火中备受毁坏，直至隋唐时期才恢复了往日的繁荣。

八、隋唐洛阳
——悠悠洛水淘东都

隋炀帝营建东都

开皇元年（581 年），隋文帝杨坚夺取北周政权建立隋朝，定都关中，建新都大兴（今陕西西安境内）。开皇九年（589 年），隋灭江南陈朝，实现全国统一。仁寿四年（604年），太子杨广即位，是为隋炀帝。隋炀帝即位后，在当年年底便亲自来到洛阳，并登上邙山察看地形。他认为邙山之南，伊阙之北，瀍水之西，涧河之东，是很好的军事要地，决定在此处建都，于是改洛阳为东京，并进行大规模的营建。大业元年（605年）三月，隋炀帝命尚书令杨素为营作大监，纳言杨达、将作大匠宇文恺为副监，开始营建东都洛阳的工程。

营建东京洛阳在当时是十分巨大的工程。每天服役的劳力多至200万人，大体相当于当时全国人口的百分之一，一年之内，全国约有一半人被征役。大业二年（606年）东都建成，隋炀帝于当年四月到达洛阳，接着六宫百官也跟着他迁居洛阳。自此，洛阳成为当时全国政治、经济、文化和交通中心。

武后称帝定神都

唐代时洛阳、长安两京并重，洛阳这座隋代时营建的都城又成为唐代的政治、经济、文化中心之一。据《资治通鉴·唐纪》记载，贞观年间唐太宗把洛阳作为巡察东方的行宫，称为洛阳宫，并两次下令进行整修。贞观二十三年（649年），高宗李治即位。永徽六年（655年），高宗废除王皇后，下诏册立武则天为皇后。自此，武则天成了高宗政治上的助手。高宗在武后的劝说下，决定前往洛阳，在那里处理国家大事，并命令司农少卿韦弘机主持营建东都宫室禁苑。于显庆二年（657年）下诏改洛阳宫为东都。高宗自此以后的26年间，半数时间寓居洛阳。唐高宗晚年，武则天临朝听政，形成了朝廷"二圣"格局。光宅元年（684年），改东都为神都。天授元年（690年），武则天正式称帝，改国号为周。武则天寓居洛阳49年，称帝15年，在此期间兴建了规模宏大的明堂、天堂、兴泰宫等。神龙元年（705年），中宗即位，恢复国号为唐，将神都又改为东都。开元年间，唐玄宗多次巡视洛阳并在此处处理朝政。天宝年间的"安史之乱",使洛阳成了兵荒马乱的之地,玄宗之后的各代皇帝都不再寓居洛阳。

隋唐东都洛阳的整体布局

据《唐六典》记载,隋唐东都城南临伊阙,北依邙山,洛水自西向东穿城而过。整个东都城主要由外郭、宫城、皇城、东城、含嘉仓城等组成。外郭城即大城,东面城墙长7312米,南面城墙长7290米,西面城墙长6776米,北面城墙长6138米,周长27516米。城外有护城河,宽13米,深2.5米。除了西面的城墙没有城门以外,东、南、北三面城墙共开8个城门,共计有东面城墙的上春门(唐时称上东门)、建阳门(唐时称建春门)、永通门,北面城墙的徽安门、延喜门(又称安喜门),南面城墙的厚载门、建国门(唐时称定鼎门)、长夏门。

外郭城内由纵横交错的街道分割成里坊区,形成类似于长安的棋盘式格局。外郭城内街道,洛河以南有南北街12条、东西街6条,洛河以北有南北街4条、东西街3条。定鼎门大街北起皇城正南门(端门),经洛水上的天津桥南至定鼎门,是隋唐东都城南北中轴线的组成部分,当时称谓"定鼎街""天津街""天门街""天街"。隋唐时定鼎门街东西宽116米,正中为御道,两侧为辅道,辅道两侧为渠,渠道两侧植树。建春门内东西大街是隋唐东都城内最主要的东西向大街,长5500米,宽21—41米。据《大业杂记》记载,隋代里坊洛水以南有96个,洛水以北有36个,《旧唐书·地理志》记载,唐代东都城内共有103坊。里坊一般为方形或近方形,长宽在500—580米之间,坊四周建有坊墙,坊内设十字街,四面开门。

宫城和皇城位于郭城西北角地势较高的地方,宫城在北面,皇城在南面。宫城又称紫微城,是皇帝居住和接见朝臣的地方。宫城平面近方形,东、西城墙各长约1270米,北面城墙长约1400米,南面城墙中段向南突出呈"凸"形，长约 1710 米。城墙高度约 11 米。宫城共 10 座城门，其中应天门为宫城南正门，是一组规模宏大的建筑群，表现了中国封建社会鼎盛时期雄伟壮观的都城建筑风格。宫城东西两面各有两重隔城。宫城东面的两重隔城，一重为东宫，一重为左右藏；西面的两重隔城，一重为皇子、公主居住的隔城，另外一重为通往上阳宫的夹城。宫城北面有三重隔城，由北向南依次为壁城、曜仪城、玄武城。实际上，宫城处于隔城的包围之中，防卫十分严密，所以又被称为禁城、大内。

隋唐东都城宫殿巍峨，隋代宫城内有乾阳殿、大业殿、文成殿、元靖殿、武安殿、修文殿、观象殿、观文殿、含凉殿等。

乾阳殿是宫城正殿，为皇帝举行大典和接待外国使节专设。乾阳殿北 30 步有大业门，门内是大业殿。

大业殿规模小于乾阳殿，但装饰更华丽。在乾阳殿两侧各配一殿，东为文成殿，西为武安殿。大业、文成、武安三殿呈鼎足之势，作为乾阳殿的衬体，共同组成宫城内的主体建筑群落。

在武安殿北、大业殿西，距九洲池不远另有元靖、观象、修文、观文、含凉诸殿。修文殿是为皇家编定图书资料的地方，观文殿则是皇家图书馆和博物馆。含凉殿在九洲池的近旁，又距西苑不远，池水凝碧，碧树葱茏，是炀帝暑天纳凉的地方。

唐代东都洛阳宫城内主要宫殿有乾元殿、紫宸殿、武成殿、集贤殿、仙居殿、亿岁殿、同明殿、德昌殿、仪鸾殿等。据《唐书·地理志》记载"宫内别殿台馆三十五所"，可见唐时洛阳宫内建筑比隋时数量更多，也更豪华。乾元殿为宫中正殿，几经兴废，几易其名。《资治通鉴》记载，武则天于垂拱四年（688 年）在乾元殿的基址上建明堂，又称万象神宫，高约 90 米，方圆约 92 米。明堂共三层，上为圆盖，用九龙支撑，顶上置涂金的铁凤，高 3 米多。明堂中有十围的巨木，上下通贯，作为明堂的总柱，各种结构是依该巨木为根本。明堂下面修有铁渠，像辟雍一样由水环绕。武则天又在明堂北面修建天堂，高五级，以安放大佛像，到第三级就可俯视明堂。天册万岁元年（695年）正月，明堂、天堂毁于大火。万岁通天元年（696年），武则天又造新明堂，规模略小于旧堂。

皇城又称太微城，位于宫城的南面，东西较长，南北较窄，围绕宫城东、南、西三面，呈"凹"字形。皇城内主要设有中央朝廷办公机构及驻军，还建有太庙和仓廪。

皇城正门为端门，它北与则天门、玄武门，南与定鼎门同处在一条中轴线上。端门东为左掖门，西为右掖门。皇城东面开一门，为宾耀门。皇城西南开两门，北为宣辉门，南为丽景门。

东城与含嘉仓城位于宫城和皇城之东，含嘉仓城居北，东城居南。由于皇城面积过于狭小，无法设置更多的政府衙署，因而一些重要机构如尚书省、军器监、少府监、大理寺、司农司等便建在东城。

隋炀帝营建东都时在宫城东、东城北建造含嘉仓，一直沿用至唐代，为隋唐两代中央政府设置的大型粮仓。含嘉仓城平面呈长方形，四面筑有城墙，其中北墙与外郭城同为一墙，长612米，西墙长710米，总面积约为43万平方米。洛阳东都城内城外除含嘉仓外，尚有子罗仓、回洛仓、洛口仓。

隋炀帝营建东都之时开凿运河，纵贯连接黄河、淮河、长江、钱塘江。运河修成之后，自洛阳西通长安，南达杭州，北抵涿郡，东至大海，水路运输畅通无阻。

洛阳由于运河的开通和"丝绸之路"的畅通，成了全国水陆交通的中枢，成了粮食储备丰富、布帛堆积如山、商业极为繁盛的国际贸易大都会。东都的商贸市场"三市"在外郭城里坊区内，即隋通远市（唐称北市）、丰都市（唐称南市）和大同市（唐称西市），都建在河渠旁边。隋唐东都三市之中以丰都市（南市）最大，市内有纵横街道各3条，四面各开3门。隋代的丰都市方圆约3.6千米，其中有店铺3 000余间，各种珍奇的商品琳琅满目。西域使臣、商贾往来频繁，为此，炀帝在建国门外设置四方馆，以招待四方使者，并设置四方使掌管与外国的通商事宜。据《太平御览》《元河南志》等文献记载，唐代南市共分为312个区，市内有"卖书肆""卖麸家""雇佣作"等店铺，有"丝行""彩帛行""香行"等行社组织，商业繁荣，车来人往，以致临近市场的里坊也多开设车坊、酒肆，招揽商客。

隋唐东都城外还分布有许多皇家园林建筑，其中最为著名的当属西苑和上阳宫。

西苑北至邙山，南达伊阙诸山，西至新安，方圆约90千米。西苑之中，奇山碧水，相映成趣，亭台楼阁，巧置其间；流水萦绕，绿林荫茂。西苑北面有一条龙鳞渠，按照地形高低而修建，呈现出曲折跌宕的形态。西院内的十六院面渠而建，与渠形成一个整体。龙鳞渠注入位于西苑中心的积翠池。积翠池又称凝碧池，以池水苍翠而得名。它是一个人工湖泊，方圆约4.5千米，水深数丈。湖中叠石为山，称蓬莱、瀛洲，高出水面30多米，像传说中的东海三仙山。山上建有通真观、习灵台、总仙宫，分立于三山之上。唐代西苑改称会通苑、芳华苑、神都苑，范围略小于隋代。《唐六典》记载，此苑方圆约57千米，其中有合璧、冷泉、高山、龙鳞、翠微、宿羽、明德、望春、青城、黄女、凌波等11座宫殿。

上阳宫是唐高宗在洛阳新建的宫殿。《旧唐书·地理志》记载，上阳宫位于宫城的西南角，南临洛水，西拒谷水，东抵宫城，北达禁苑。上阳宫内殿堂楼阁，鳞次栉比，并有夹城通往宫城，唐高宗晚年长年居此处，并在这里处理朝政，武后当政后也居住在这里。《唐六典》记载上阳宫的建筑，在化成院内有甘露殿、麟趾殿，在本枝院内有丽春殿、芬芳殿，在玉京门西有客省院、萌殿、翰林院等。

隋唐东都城周围还分布有佛寺、道观及陵园墓地。唐恭陵是唐高宗的第五子、武则天的长子太子李弘的陵墓，位于偃师市缑氏镇白云峰顶，是洛阳隋唐墓葬中规模最大的一座。陵园坐北朝南，平面呈正方形，边长440米，南有神门和阙台，神道两侧整齐地排列着石人石兽，中间有呈覆斗形的陵寝，规模宏伟，布局规整。

隋唐东都城外的佛寺和道观很多。福先寺位于洛阳城东郊，武则天曾为其撰写浮图碑文，北印度僧人阿弥真那、中印度僧人善无畏等高僧曾居住在这里翻译经文，画家吴道子曾在寺内作《地狱变》壁画。上清宫位于洛阳城北郊的翠云峰上。唐高宗于乾封元年（666年）追尊老子为玄元皇帝，唐玄宗于开元二十九年（741年）诏令两京修建庙宇进行祭祀。唐代称上清宫为玄元皇帝庙，又为避玄宗讳改称元元皇帝庙。唐代的上清宫在金元时期已毁，现存的上清宫为明代重修。唐兴善寺位于偃师市缑氏镇，初创于北魏，隋大业年间（605—617年），幼年的玄奘曾多次来此聆听佛学。玄奘"西天取经"返唐后，改名"兴善寺"，唐太宗和武则天曾先后敕令重修并赐田。明万历年间（1573—1620年）改名"唐僧寺"。现寺内有天王殿和玄奘殿，玄奘殿正中供奉玄奘法师像，寺附近有玄奘故里和玄奘墓。香山寺是唐时佛事兴盛的寺院之一，位于龙门东山。白居易认为"龙门十寺，游观之胜，香山首焉"，并曾捐资修缮香山寺。现在龙门东山上的香山寺为清代康熙年间所建。

晚唐五代洛阳的衰落

"安史之乱"是唐朝由盛转衰的转折点，也是东都洛阳开始衰落的起点。天宝十四年（755年）十一月，安禄山起兵叛乱，十二月，叛军攻占洛阳。虽然在至德二年（757年），唐军曾收复洛阳，但在乾元元年（758年），洛阳再次沦陷，直至宝应元年（762年）洛阳才重新被收复。在被叛军攻陷期间，洛阳惨遭毁劫，宫殿和民居几乎全被烧毁。

到五代时，后梁开始以开封为东都，以洛阳为西都，梁太祖朱温命令张全义对西都加以修葺，并于开平三年（909年）迁都洛阳，后唐李存勖于后梁龙德三年（923年）在魏州（今河北省大名县东北）称帝，灭梁后迁都洛阳，以洛阳为洛京，后又改为东都。继后唐之后，后晋石敬瑭也曾以洛阳为都城，但是在天福二年（937年）三月又以"馈运顿亏，支费殊阙"为由迁都开封。至此，洛阳作为古代皇朝都城的历史画上了句号。

第四章 北京
——幽燕遗风熔铸元明清绿瓦红墙

一、古都概况

百级危梯溯碧空，凭阑浩浩纳长风。

金银宫阙诸天上，锦绣山川一气中。

事往前朝僧自老，魂来沧海鬼犹雄。

只怜春色城南老，寂寞余花发旧红。

——（元）张翥《二月朔日登悯忠寺阁》

元代诗人张翥的这首诗描写了他登上悯忠寺眺望元朝都城大都时所看到的壮观景象。大都，即古都北京。北京在历史上有多种名称，先后被称为蓟城、燕都、燕京、涿郡、幽州、南京、中都、大都、京师、顺天府、北平等。

优越的气候条件和地理位置

北京位于北纬 39°54′，东经 116°25′。北京的气候属于温带半湿润季风型大陆性气候，春季干旱，夏季炎热多雨，秋季天高气爽，冬季寒冷干燥。北京年平均气温 11—12℃，年平均降水量 640 毫米左右，降水季节分配很不均匀，全年降水的 80% 集中在 6、7、8 三个月，

7、8 月有大雨。全年平均日照时间是 2000—2800 小时，年均无霜期是 190—195 天，年均风速 1.8—3 米/秒。

北京位于华北平原西北边缘，毗邻渤海湾，上靠辽东半岛，下临山东半岛。东南是永定河、潮白河等河流冲积而成的、缓缓向渤海倾斜的平原。境内贯穿五大河，东部有潮白河、北运河，西部有永定河和拒马河，西北有沟河。西部是太行山山脉余脉的西山，北部是燕山山脉的军都山，两山在南口关沟相交，形成一个向东南展开的半圆形大山弯，人们称之为"北京弯"，它所围绕的小平原即为北京小平原。综观北京地形，依山襟海，形势雄伟。诚如古人所言："幽州之地，左环沧海，右拥太行，北枕居庸，南襟河济，诚天府之国"，"形胜甲天下，山带海，有金汤之固……诚万古帝王之都。"

便捷的交通条件

北京是整个华北地区的交通枢纽，有多条道路分别通往东北地区、蒙古高原、两晋地区以及中原各地。隋唐以后，大运河的开通使得漕运发达起来，加上沿海地区发达的海运，进一步加强了北京地区与中原地区以及江南各地的联系。这种处于交通枢纽地位的地理位置，为北京最终成为全国的政治中心和文化中心提供了优越的交通条件。

幽燕古地孕育元明清八百载繁荣

正因为有着优越的气候条件、地理条件和交通条件，历史上多位帝王选择北京作为自己的都城。早在春秋时期，周朝的诸侯国燕国就将蓟（故址在今北京市西南部）作为都城。此后的秦汉直至隋唐，北京一直作为北方的军事重镇和商业重镇存在，直至五代时期北方的少数民族政权辽将北京（当时称"幽州"）作为陪都，其后的金、元、明、清也都将北京作为都城，北京取代了长安、洛阳、汴梁（今河南省开封市）等古都的地位，由地域中心发展成为封建社会后期中国的政治、经济、文化中心。清末，北京成为当时世界上最大的城市。北京有着3000余年的建城史和850余年的建都史，被列为"中国四大古都"之一。北京荟萃了元、明、清以来的中华文化，拥有众多名胜古迹和人文景观，是全球拥有世界文化遗产最多的城市。

二、燕都蓟城

——幽燕初为都

燕灭蓟国都蓟城

早在夏、商王朝统治时期，在北京及其以北的地区就同时存在着几个部族，包括孤竹、燕亳、山戎、肃慎等，其中孤竹、燕亳等部族后来建立起了奴隶制国家，其中许多小国成为商王朝的附属国，这中间的燕国，就是北京地区最早形成的国家之一。不过，这个燕国与西周分封的燕国不是同一个政权，它是在本地自然发展起来的一个奴隶制国家，史学界通常将它称之为"古燕国"。古燕国在武王灭商的过程中，也被西周的武力所灭。周武王分封同姓的贵族召公奭（shi）于此地，建立了诸侯国——燕国，并在燕山脚下建立了一座城市。

在古燕国时期，北方还有一个臣属于商王朝的小方国，是帝尧的后裔所建立的奴隶制国家——蓟国。西周建立后，蓟国又臣属于周王朝，蓟国和燕国就成了两个相邻的诸侯国。经过一段时间的发展，燕国逐渐强大起来，并在春秋时期兼并了自己的邻居蓟国，并占据了蓟城。由于蓟城的地理位置要比燕国始建的城市更加理想，所以燕国将都城迁到了蓟城。20世纪60年代，考古人员在房山区琉璃河镇东北的董家林村发现了一座北京地区迄今年代最早的古城址。董家林古城址位于西山脚下的一块宽阔的高台平地上，大石河（又称琉璃河，古称圣水）紧靠城南流过。古城就在这个河湾地带。在这里出土的铜器上有铭文"匽"，"匽"即"燕"字，有一件铭文证明第一代燕侯是召公奭的儿子，和《史记》中的相关记载相吻合。经过考古证实，这座古城址就是燕国的始封都城。

燕都古城遗存的部分，东西长约 3500 米，南北宽约 1500 米。如果根据古代都城大多数是方形的模式来推测，当时的燕国都城应该是南北宽度与东西长度大致相等，也就是长和宽都在 3500 米左右，如果按照现在的 500 米为一里来折算，燕国古城恰好是"方七里"的规模。先秦时期"里"的长度与现代"里"的长度虽然略有不同（稍短），差距也不会太大。

北京作为古代都城的一个重要标志，就是建造有规模宏伟的宫殿，因为宫殿是封建统治者生活的最主要场所，也是都城区别于其他普通城市的一个关键所在。北京最早建造的宫殿，就是在先秦时期的燕国。据《史记·乐毅传》的记载，乐毅率燕国军队攻打齐国时，燕国都城建有宁台和元英、磿（lì）室两座宫殿，并在这两座宫殿中贮藏各种珍宝。因为这两座宫殿不在蓟城的城里，而是在城郊，因此，可能属于离宫别馆之类的建筑，而其正式宫殿则应是修建在蓟城城里的中心位置。

燕都地处华北大平原的北端，周围都是肥沃的土地，而且有多条大小河流由此流过，这为农业的发展提供了极为便利的条件。燕国人主要种植黍、稷、豆、麻等作物。农业工具也有很大进步。当时已有多余的粮食酿酒，贵族饮酒成风，可见当时农业之发达。燕都一带草木茂盛，畜牧业也很发达。当时人们放牧牛羊，畜养狗猪，马更是燕人放牧的主要牲畜，手工业也很发达。

燕国虽地处北方，远离中原地区，但与中原却有着密切的经济文化联系。商朝后期开始，燕人就有了与中原地区相同的宗教习俗与文化素质，龟甲和牛盖骨也成为燕人预测吉凶的工具。这里的青铜铸造艺术水平很高，杂糅了中原文化与游牧民族文化而呈现出独特的魅力。

蓟城百姓喜爱唱歌和舞蹈。这成为他们生活的重要一部分。民间艺人经常在酒肆里击筑鼓琴，引吭高歌，场面蔚为壮观。

荆轲刺秦燕都没

东晋著名诗人、文学家陶渊明的《咏荆轲》，描述了燕国勇士荆轲行刺秦王嬴政的过程。战国末年，秦国通过"商鞅变法"逐渐强大起开，开始了"并吞六国"的霸业。秦国灭赵国后，大军直逼燕国

图穷匕现

南界。在秦国做过人质的太子丹企图以刺杀秦王嬴政的方法来扭转不利的局面。荆轲向太子丹献计，想以秦国叛将樊於期的人头及燕督亢（今河北省涿州市、易县、固安县一带，是一块肥沃的土地）地图进献秦王，相机行刺。太子丹不忍杀樊於期，荆轲只好私自去找樊於期，把实情告诉了他，樊於期为成全荆轲而自刎。公元前227年，荆轲带着燕督亢地图和樊於期的人头，前往秦国刺杀秦王。临行前，太子丹带着许多人在易水边为荆轲送行，场面十分悲壮。"风萧萧兮易水寒，壮士一去兮不复还"，这是荆轲在告别时所吟唱的诗句。荆轲来到秦国都城咸阳后，秦王在咸阳宫隆重召见了他。荆轲在献燕督亢地图时，图穷匕首见，刺杀秦王不成，结果被杀。公元前218年，秦国大军攻陷蓟城，燕王和太子丹逃往辽东。公元前214年，秦军攻占辽东，燕国灭亡。

公元前 215 年，秦始皇为防范六国旧民的反抗，下令摧毁原六国的都城的城墙、护城河以及其他军事防御设施，燕都蓟城也在被毁之列。但到了秦汉之时，出于此地军事地位的重要，城池又被逐渐修复起来。自秦开始，直至唐代，蓟城都是防御北方游牧民族南侵的军事重镇，同时，这里的经济和文化也得以发展。

三、辽陪都南京城
——五朝帝都的序幕

唐朝末年，中原地区形成了藩镇割据的局面，唐朝中央政府已经没有能力来控制幽州等地区的节度使们的活动。也正是由于中央王朝力量的削弱，使得活跃于边疆地区的少数民族迅速崛起，特别是东北地区的契丹族发展尤为突出。

迭剌部首领耶律阿宝机于神册元年（916 年）称帝，契丹的势力开始吞并周围的部落，在降伏了奚族等周围的少数民族部落以后，开始向中原地区扩张。

辽天显十年（936 年），后唐节度使石敬瑭为了夺取后唐政权，投靠契丹，以称臣纳贡为条件，请求其援助，并答应割让以现在的北京市、大同市为中心的幽、蓟、瀛等"燕云十六州"。辽会同元年（938 年），后晋使者向辽太宗献上燕云十六州的版图，幽州等地于是划归辽朝的统治之下。在燕云十六州划归辽朝之后，辽统治者对所辖政区作了全面调整。其发祥地临潢府号为上京（今内蒙古自治区巴林左旗境内），成为首都。而将原有的南京（今辽宁省辽阳市）改为东京，又以幽州（今北京市）为南京后，还在奚族的活动中心设置中京（今内蒙古省宁城县境内）。再以云州（今山西省大同市）为西京，最终形成了五京之制。如果说，辽上京是契丹政权的政治中心，那么，辽南京就是其经济中心和文化中心。

幽州成为辽南京（又称燕京）之后，成为辽朝最重要的陪都，从此，古都北京的发展进入了一个新的时期，开始由一个军事重镇向全国政治中心过渡。

辽代南京城方圆约16千米，城墙高约9.5米，宽约4.8米。城门有8座：东为安东门、迎春门，南为开阳门、丹凤门，西为显西门、清晋门，北为通天门、拱辰门。

城中西南角的大内皇城，方圆约2.3千米，外三门分别称为南端门、左掖门（后改称万春门）、右掖门（后改称千秋门）；西门称显西门，设而不开；东门称宜和门。宫内正门为宣教门（后改称元和门），内有元和殿、昭庆殿、嘉宁殿、临水殿、长春宫诸殿，建筑壮丽，还设有球场、果园、湖泊，供帝王游玩。

城中有26坊（又称里），每坊各有门楼，上面书有坊名。坊名多沿用唐代的旧称，已知的有卢龙坊、隗台坊、铜马坊、遵化坊、显忠坊、永平坊、北罗坊、肃慎坊等。

城内民居棋布，街巷、坊市、官署、寺观，井然有序。城区北部为商业贸易中心，各种货物琳琅满目。居民平时一般穿汉服，穿胡服的契丹人、渤海人等也不少见。

辽南京城的商业、手工业很发达。南京城与中原地区保持着密切的经济、文化联系，市场上通行北宋钱币。丝织工艺发达，瓷器制作精美。《大藏经》的刻成，说明书籍刻印也很发达。

辽南京城同西域、西夏、高丽、蒙古草原等地也有频繁的商业往来，更是与内地商品流通的枢纽。南面通过宋辽的榷场保持有限的互市，北面通过榆关路、松亭路、古北口路和石门关路等驿道与塞外相交通。

辽代佛教盛行，南京城内外有多座庙宇，城中规模较大的庙宇有36所。悯忠寺的高阁、开泰寺的银铸佛像均很著名，其他较大的寺庙有延寿寺、延洪寺、三学寺、仙露寺、昊天寺等，还有大觉、招提、竹林、瑞像等禅院。

辽代的南京城作为陪都，社会比较稳定，而辽朝统治者又喜欢游猎活动，于是，燕京城东南面的延芳淀就成为其较理想的游猎场所。

四、金中都城
——现代北京的雏形

辽代末年，活动于东北松花江流域的女真族崛起。辽天庆四年（1114年），在完颜部落首领阿骨打的领导下，女真族起兵抗辽，并建立金朝，定都上京会宁府（今黑龙江省哈尔滨市阿城区东南）。金朝与宋朝订立"海上之盟"，联手攻击辽朝。辽保大三年（1123年），金军攻破辽南京城，在进行了一番劫掠后，如约将其还给了宋朝。宋朝把辽南京改称为燕山府。北宋宣和七年（1125年），金军南下攻击北宋，燕山府又落入金人之手。第二年，金军攻克北宋都城汴京，擒获宋徽宗和宋钦宗，女真政权扩张到了江淮一线。这时的金朝都城上京位置远离中原，与继续扩张的局势发展极不协调。

金皇统九年（1149年），完颜亮发动政变，将金熙宗杀死，篡夺皇位，是为金海陵王。天德三年（1151年），海陵王不顾众多女真贵族的反对，下令修建燕京，其宫阙制度，模仿了北宋都城汴京。贞元元年（1153年），宫城竣工。海陵王正式下诏迁都，改燕京为中都。

金中都是在辽南京的基础上把东、南、西三面加以拓展而成。城墙四围约17千米，略成方形，每边各有三座城门。东面为施仁门、宣曜门、阳春门；南面为景风门、丰宜门、端礼门；西面为丽泽门、颢华门、彰义门；北面为会城门、通玄门、崇智门。每面正中的一个城门特辟三个门洞。

宫城位居全城中央前方，方圆4000多米。宫城南门是应天门，从应天门向南出皇城南面宣阳门，直达大城南面的丰宜门，贯通三门的是全城中轴线御道。御道两旁，有东西并列的千步廊，各约200余间，分为三节，每节有一门。千步廊南端东西两侧分别为文楼、武楼，文楼以北为来宁馆，武楼以北为会同馆。千步廊中部各有偏门，东通太庙，西连尚书省。

皇城南门宣阳门，中门绘龙，偏门绘凤，城门设重楼。宫城正南门应天门，楼高八丈，四角设垛楼，东、西两面分别为左掖门、右掖门。宫城东、西、北正门分别是宣华门、玉华门、拱辰门。

内城中共有宫殿九重，共36座。前殿为大安殿；后殿为仁政殿，是皇帝处理政务的地方。前殿的东面有东宫，是太子居住的地方；寿康宫，是皇太后、皇后等居住的地方；西边为十六凉位，是妃嫔居住的地方。泰和殿、贞元殿也是皇城中重要的宫殿。它们都曾作为临时的办公场所，代替了"正殿"（即仁政殿）的位置。另外，有文献记载的宫殿还有常武殿、寿安宫、隆庆宫、慈训殿（后称承华殿）、崇庆殿、庆和殿、厚德殿、熙春殿、枢光殿、紫宸殿、广仁殿、福安殿等。

在金代初期，女真统治者们的活动中心主要是在金上京一带，各种坛庙及陵寝也主要设置在那里。到海陵王定都中都以后，中都的祭祀坛庙以及帝王陵寝等配套设施也都逐渐完善起来。其大致模式是以北宋都城汴京为蓝本的。在金中都的坛庙中，最重要的当属天、地、日、月的祭坛。天坛设置在都城正南门丰宜门外，地坛设置在都城正北门通玄门外，日坛设置在都城东面的施仁门外东南方，月坛设置在都城西面彰义门外西北方。另外还建有社稷坛，社坛和稷坛是分设的，社坛在东，稷坛在西。金中都的太庙建在皇城南面千步廊东侧，是金朝统治者供奉祖先神位，进行祭祀活动的地方。金代的皇陵建在中都城西南面的大房山，也是海陵王在位时下令修建的。

从海陵王到金世宗在位时期，金中都城内外兴建了四座人工园林，分别称为东苑、西苑（园）、南苑、北苑。西苑（又称琼林苑）与皇宫之间的距离最近，宫殿建筑最多，也是金代帝王活动最频繁的皇家园林。其次是南苑（又称建春宫），每年端午节金代帝王都要在这里举行拜天、射柳、击球等活动，有时还在这里举行士兵操练。北苑（今北海公园又称太宁宫）建成的时间较晚，但是，金世宗与金章宗在这里的活动也很频繁，甚至为了出行方便，金朝统治者还专门在城北单开了一座城门。而金朝帝王在东苑的活动却很少，我们只是知道有这样一座园林。

金代中都佛寺著名的有弥陀寺（法藏寺）、护圣寺（功德寺）、甘露寺（香山寺）、圣安寺、隆恩寺、功德寺、柏王寺、香林禅寺、大觉寺、从容庵等。较为著名的道观有玉虚观、天长观、崇福观、修真观等。

金中都在金宣宗贞祐三年（1215 年）被蒙古军攻陷，结束了它作为金朝都城的历史。金中都为元大都的建立奠定了基础，在城市建筑史上起到了承上启下的作用，也是向全国政治中心过渡的关键。金中都为现在的北京留下了大量的名胜古迹。现在的北海、香山、钓鱼台、玉泉山、陶然亭、玉渊潭等，都是当年金朝皇帝的离宫别苑。我们今天所熟悉的"燕京八景"太液秋风、琼岛春阴、西山晴雪、卢沟晓月、玉泉垂虹等也是从金朝开始定名的。

五、元大都

——繁荣的"大汗之城"

忽必烈定都燕京

金帝宗泰和六年（1206年），蒙古贵族在斡难河源奉铁木真为大汗，尊号"成吉思汗"，蒙古国建立。在成吉思汗时期，蒙古统治者还没有接受中原地区的农耕文化，因此，也就没有设置和营建自己的都城。当时蒙古国的统治中心，就是随同成吉思汗（即元太祖）四处游动的大帐。直到窝阔台汗（即元太宗）任用契丹族大臣耶律楚材主持中原地区政务之后，蒙古统治者才对农耕文化有了进一步的了解和吸收，才在漠北草原上建立了第一座蒙古国的都城——和林城。到了蒙哥汗（即元宪宗）执政时期，大汗之弟忽必烈（即元世祖）受命主持中原地区政务，于是，又在漠南设置开平府（即后来的元上都），作为统治中原地区的政治中心。

中统元年（1260年），忽必烈即大汗位。至元元年（1264年），忽必烈夺得了蒙古汗国的最高统治权，年号"至元"，并改燕京为"中都"，府名仍为"大兴"，作为陪都。至元八年（1271年），忽必烈称帝，正式建立元朝，并决定将都城设在中都。元朝统治者为了巩固在华北地区和中原地区的统治，将政治重心南移，而中都以其优越的地理条件吸引了忽必烈定都的目光。但是由于在蒙金战争中金朝的皇朝和宫殿等设施已毁于战火，于是忽必烈决定放弃燕京城旧址，而在其东北以金代的万宁宫为中心兴建新都——元大都。

至元四年（1267年）正月，大规模的城建工程正式启动。在工程启动之前，大臣刘秉忠等人已经对全城进行了详细的规划，包括皇城宫殿、苑囿别馆、官僚衙署、寺院道观、民众居室等。因此，城建工程有序展开，先建宫殿苑囿，再建官僚衙署，而民众住宅则由政府划定面积，令其自建。经过 26 年的营造，到至元三十年（1293 年）都城的各项建筑正式竣工。从至元二十二年（1285 年）起，皇室、贵族、中央机构相继迁入大都城。元朝统治者在大都设立中书省总管全国政务，设枢密院掌管全国军务，设御史台负责监察事务，设宣政院负责吐蕃地区军政事务，设会同馆负责外交事务。大都成为元朝多民族国家的政治中心。从此开始，直至明、清两代，北京一直是国家的首都。

元大都的整体布局

元大都城的周长约为 28600 米（即所谓的"周回六十里"），东西长约 7800 米，南北长约 6500 米，东西两侧的城墙略长于南北两侧的城墙，形成长方形的格局。

新营建的皇宫位于全城中心偏南的位置上，这是为了把钟鼓楼放在全城中心的缘故。另外，根据儒家学说的精神，"面朝后市"，也是把正朝放在全城偏南的位置上。儒家学说又有一个重要的理念，即"中庸"的理念，表现在都城建筑上的实践，也就是由左右对称而出现的中轴线。元大都的皇城，完全体现了这个重要的儒家理念。从都城正南门丽正门，到皇城正南门灵星门，再到宫城正南门崇天门，从皇宫正殿大明殿，到皇宫后殿延春阁，再到皇宫后面的钟鼓楼，形成了一条完整的中轴线。

元大都共有 11 座城门。这 11 座城门的分布分别为：东三门，即光熙门、崇仁门（今东直门）、齐化门（今朝阳门）；南三门，即文明门、丽正门（今天安门南）、顺承门；西三门，即平则门（今阜成门）、和义门（今西直门）、肃清门；北二门，即建德门（今德胜门小关）、安贞门（今安定门小关）。

在大都城里，有皇城和宫城两层城墙，元大都是由宫城、皇城、外郭城三重城套合而成。

皇城位于全城南部中央偏西，周围 20 千米，以太液池和琼华岛为中心。东墙在今南北河沿一带，西墙在西皇城根一带，北墙在地安门一带，南墙在东华门、西华门和午门一线。

宫城又称大内，位于皇城东部，方圆约 4 千米。南门为崇天门，约在今故宫内，宫殿修建在今北海公园中的琼华岛和团城附近。

元大都的皇宫及其正殿的规模，都要超过金中都。大都的皇城把太液池包在中间，皇宫的正殿坐落在太液池的东岸，分为前殿和寝殿、香阁等部分，中间有柱廊相连。而皇太子与皇后的宫殿都建造在太液池西岸。皇太子的宫殿开始称东宫，后改称隆福宫。这组建筑分为两部分，前一部分的主体建筑为光天殿，后一部分的主体建筑为隆福殿。隆福殿在光天殿的后面。在隆福宫这组建筑中，又有寿昌殿、嘉禧殿、睿安殿、文德殿及骖（cān）龙楼、翥（zhù）凤楼等设施。后来在隆福宫后面又建造了一组宫殿，即兴圣宫。这组建筑的主体为兴圣殿，在兴圣殿的后面建有延华阁，而在兴圣殿两旁，则建有嘉德殿、宝慈殿及凝晖楼、延颢楼等设施。不难看出，大明殿与延春阁的一组宫殿，构成了"前朝后寝"的模式。此后建造的隆福宫与兴圣宫，也都仿照了这种模式，隆福宫的光天殿与隆福殿，兴圣宫的兴圣殿与延华阁这两组宫殿也是如此。而每座前朝建筑（即大明殿、光天殿、兴圣殿）自身又设置有寝殿，用柱廊加以连接。

大都城内的主要交通干道，南北东西各九条，仍然是传统的棋盘式格局。大都的居民区划分为 50 个坊，坊周围不筑围墙，以街道为界。大都的街道和胡同，有严格统一的建设标准，大街宽约 38 米，小街宽约 19 米。因为街道规划有序，给民居的建设提供了有利的条件。大都的民居一般坐北朝南，十分整齐。这样的建筑格局对采光保暖都十分有利。主要商业区集中在三处，即积水潭北岸的斜街、今西四附近的羊角市和今东四西南的旧枢密院角市。

大都城内还修建了大量坛庙等设施。在大都城最早兴建的，是祭祀祖先的太庙，时间是在中统四年（1263 年）三月，地点是在燕京旧城，具体位置不详。这座太庙建成不久，元世祖忽必烈又开始营建大都城，于是在新城又修建了一座太庙，始建于至元十四年（1277 年）。至元二十九年（1292 年），又兴建了社稷坛。社稷坛与太庙处于对称位置，遵循了传统礼制中"左祖右社"的理念。

元朝统治者对于各种宗教派别都采取了同样宽容的政策，因此，在元代的大都地区不仅兴建了众多的寺庙与道观，而且兴建了一些清真寺及基督教堂。在元代，几乎每个帝王都下令修建规模宏大的皇家寺院。元朝统治者还对道教十分崇拜，并且允许道教各派别在大都城里兴建其活动中心，如全真教的活动中心长春宫及白云观、真大教的活动中心天宝宫及玉虚观、正一教的活动中心崇真万寿宫与东岳庙等，其道观规模都十分可观。此外，由于伊斯兰教和基督教（包括天主教及景教）的活动达到了空前活跃的状况，故而在大都城内外又兴建有多处清真寺及基督教堂。元朝统治者特别对藏传佛教宠信有加。从元世祖忽必烈开始，尊崇藏传佛教的领袖人物为"帝师"，并且专门设置了宣政院，负责主管全国的佛教事务和西藏等地区的军政事务。宣政院的设置具有重要的政治意义，表明中央政府已经开始对西藏地区行使主权。元朝时兴建的许多皇家寺庙，都是藏传佛教一派的建筑风格。如元世祖时营建的大圣寿万安寺（今白塔寺），规模之宏大，足以和皇宫媲美。

元大都的繁荣与《马可·波罗游记》

元大都是当时世界上规模最为宏大、最为壮丽的城市，规划设计和实际建设都是第一流的，并以其雄伟、华美闻名于世。当时正好意大利人马可·波罗来到大都，他在《马可·波罗游记》中记载说："你们必须知道，那里有一个又大又繁华的古城叫汗八里，用我们的话来说，是'大汗之城'的意思。"他形容大明殿"此宫之大，向所未见"，"壮丽富赡，世人布置之良，诚无逾于此者。"在景色优美的苑囿里，"世界上最美的树皆聚于此。"他说宫中金银器皿数量之多"非亲见者未能信"。在宫廷的宴会上，元世祖忽必烈与1.2万名朝臣都穿着同一色彩的衣服，"世界之君主殆无能及之者"。每年元旦之日，国内各处前来进贡者牵了10余万匹白马，还有5000头大象以及无数的骆驼，身披锦衣，装载着金银财宝，列队于大汗面前，"是为世界上最美之奇观"。至于整个大都城的气派，他赞叹道："（大都）城是如此美丽，布置得如此巧妙，我们竟是不能描写它了。"元大都既是元代的国内商业中心，又是一个国际贸易中心。马可·波罗讲："此汗八里城之周围，约有城市二百，位置远近不等。每城皆有商人来此买卖货物，盖此城为商业繁盛之地也。""外国巨价异物及百物之输临此城者，世界诸城无与能比。盖各人自各地携物而至，或以献君主，或以献宫廷，或以供此广大之城市，或以献众多之男爵骑尉，或以供驻屯附近之大军。百货输入之众，有如川流之不息。仅丝一项，每日入城者计有千车。"

马可·波罗（1254—1324），13世纪意大利著名的旅行家和商人。17岁时跟随父亲和叔叔，途经中东，历时四年多到达当时的元朝。他在中国游历了17年，曾访问当时中国的许多古城，到过西南部的云南和东南地区。回到威尼斯之后，由马可·波罗口述，鲁思蒂谦记录整理的著名的《马可·波罗游记》（又名《马可·波罗行纪》《东方见闻录》）问世了，书中记述了他在东方一些国家的见闻，其中对中国的记述尤为详细。

马可·波罗小的时候，他的父亲和叔叔到东方经商，朝见过忽必烈大汗，还带回了大汗给罗马教皇的信。他们回国后，小马可·波罗天天缠着他们讲东方旅行的故事。这些故事引起了小马可·波罗的浓厚兴趣，使他下定决心要跟父亲和叔叔到中国去。

意大利旅行家马可·波罗

1271年，即马可·波罗17岁时，父亲和叔叔拿着教皇的复信和礼品，带领马可·波罗与十几位旅伴一起向东方进发了。他们从威尼斯进入地中海，然后横渡黑海，经过两河流域来到中东古城巴格达，从这里到波斯湾的出海口霍尔木兹就可以乘船直驶中国了。然而，这时却发生了意外事件。他们在一个镇上掏钱买东西时，被强盗盯上了。这伙强盗趁他们晚上睡觉时抓住了他们，并把他们分别关押起来。半夜里，马可·波罗和父亲逃了出来。当他们找来救兵时，强盗早已离开，除了叔叔之外，别的旅伴也不知去向了。

马可·波罗和父亲、叔叔来到霍尔木兹，一直等了两个月，也没遇上去中国的船只，只好改走陆路。这是一条充满艰难险阻的路，是让最有雄心的旅行家也望而却步的路。他们从霍尔木兹向东，越过荒凉恐怖的伊朗沙漠，跨过险峻寒冷的帕米尔高原，一路上跋山涉水，克服了疾病、饥渴的困扰，躲开了强盗、猛兽的侵袭，终于来到了中国新疆。一到这里，马可·波罗的眼睛便被吸引住了。美丽繁华的喀什、盛产美玉的和田，还有处处花香扑鼻的果园。

马可·波罗和父亲叔叔继续向东，穿过塔克拉玛干沙漠，来到古城敦煌，瞻仰了举世闻名的佛像雕刻和壁画。接着，他们经玉门关来到了万里长城。最后他们穿过河西走廊，终于到达了上都——元朝的北部都城。这时已是 1275 年的夏天，距他们离开祖国已经过了 4 年。马可·波罗的父亲和叔叔向元世宗忽必烈呈上了教皇的信件和礼物，并向他介绍了马可·波罗。忽必烈非常赏识年轻聪明的马可·波罗，特意请他们进宫讲述沿途的见闻，并携他们同返大都，后来还留他们在元朝当官任职。

聪明的马可·波罗很快就学会了蒙古语和汉语。他借奉元世宗之命巡视各地的机会，去过中国许多地方，中国的辽阔与富有让他惊呆了。他先后到过新疆、甘肃、内蒙古、山西、陕西、四川、云南、山东、江苏、浙江、福建以及北京等地，还出使过越南、缅甸、苏门答腊。他每到一处，总要详细地考察当地的风俗、地理、人情。在回到大都后，他又详细地向元世宗进行了汇报。

在《马可·波罗游记》中，他盛赞了中国的繁盛昌明：发达的工商业、繁华热闹的市集、华美廉价的丝绸锦缎、宏伟壮观的都城、完善方便的驿道交通、普遍流通的纸币等等。书中的内容，使每一个读过这本书的人都无限神往。

17 年很快就过去了，马可·波罗越来越想家。1292 年春天，马可·波罗和父亲、叔叔受元世宗委托，护送一位蒙古公主到波斯成婚。他们趁机向忽必烈提出回国的请求。忽必烈答应他们，在完成使命后，可以转路回国。

1295 年末，他们三人终于回到了阔别 24 年的亲人身边。他们从中国回来的消息迅速传遍了整个威尼斯，他们的见闻引起了人们的极大兴趣。他们从东方带回的无数奇珍异宝，一夜之间使他们成了威尼斯的巨富。1298 年，马可·波罗参加了威尼斯与热那亚的战争，同年 9 月 7 日不幸被俘。在狱中，他遇到了作家鲁思蒂谦，于是便有了马可·波罗口述、鲁思蒂谦记录的《马可·波罗游记》。

《马可·波罗游记》激起了欧洲人对东方的热烈向往，对以后新航路的开辟产生了巨大的影响。同时，西方地理学家还根据书中的描述，绘制了早期的"世界地图"。在马可·波罗逝世前，《马可·波罗游记》已被翻译成多种欧洲文字，广为流传。现存的《马可·波罗游记》有119种文字的版本。在把中国文化艺术传播到欧洲这一方面，《马可·波罗游记》具有重要意义。西方研究马可·波罗的学者莫里斯·科利思认为，《马可·波罗游记》不是一部单纯的游记，而是启蒙式作品，对于闭塞的欧洲人来说，无异于振聋发聩，为欧洲人展示了全新的知识领域和视野。这本书的意义，在于它导致了欧洲人文科学的广泛复兴。

六、明北京城

——京师重地定北平

明成祖迁都北京

元朝末年，在统治者日益残暴黑暗的统治下，终于爆发了农民起义。朱元璋参加了当时的濠州大帅郭子兴领导的红巾军分支，经过多年的南征北战，1364年，朱元璋自称吴王独霸一方，史称西吴政权。1368年，朱元璋称帝，以应天府（南京）为京师，国号大明，年号洪武，建立了明朝，朱元璋即为明太祖。洪武二年（1369年），朱元璋命徐达、常遇春等北伐，攻占大都，并将其改称北平府。一方面，为了改进防御功能，另一方面，也为了削弱前代都城的气势，于是，驻守北平府的明军把元大都城的北面城墙南压缩了五里。经过压缩之后，南面和北面的城门数没有发生变化，而东西两面的城门却被各减少一个。于是，全城由原来的11个城门变成了9个。这种状况，一直到明成祖迁都北京之后也没有改变。

当时明朝的军事威胁，主要来自北方，当年元顺帝虽然仓皇地逃出了大都，但是依然在应昌（今内蒙古自治区克什克旗西北）称"大元帝国皇帝"，希望有朝一日能南下重新夺回大都。所以，朱元璋分封诸子为藩王，以加强边防，保卫皇权。朱棣被封为燕王，镇守北平府。藩王之中，北方主要是对蒙古的边防任务，所以燕王的势力最大。

洪武三十一年（1398年），朱元璋病逝，他的孙子朱允炆即位，是为建文帝。建文帝即位后便采纳了亲信大臣齐泰、黄子澄的建议，密谋削藩，以期收回大权。周王、代王、齐王、湘王、岷王等先后或被废为庶人，或被杀。同时又以加强边防为名调离燕王的精兵，准备削除燕王。燕王朱棣在姚广孝的建议下，以"诛奸臣、清君侧"为名，发动"靖难之役"，经过四年的战争，最终取得了帝位，建元永乐，即明成祖。

明成祖朱棣取得帝位后就有迁都之意，他认为，将都城设在北平可以加强北部边防。但他也深知，迁都是一件关乎国家兴亡的头等大事，必须审慎行事。永乐元年（1403年），他下诏改北平为"北京"，称"行在"，有意提高了北京的政治地位。不久，又改北平府为"顺天府"。同时，设北京留守行后军都督府和北京行部，分管军政，罢废北平承宣布政使司，为迁都做好准备。

在北京的政治地位得到提升之后，明成祖又千方百计地提升北京的经济地位。他知道，北京虽然地理位置极端重要，但是它在经济上却远不及江南，不及南京。因此，他首先想方设法使北京繁荣起来。此后，明朝政府多次向北京移民，组织人力疏通南北漕运河道。

永乐四年（1406年），明成祖下令正式开始营建北京宫殿，并命大臣陈珪主持北京宫殿及北京城市的整个设计营建工程。

永乐十八年（1420年），北京的建设工程基本完工。永乐十九年（1421年），明成祖正式下诏迁部北京。废"行在"之称，改北京为"京师"，改原京师为南京，作为陪都。北京再次成为全国的首都。以后明仁宗洪熙元年（1425年），曾拟迁回南京，废北京"京师"之称，又改称"行在"，但还都之举一直未能实施。至英宗正统六年（1441年）又恢复北京"京师"之名。

明北京的整体布局

明朝北京是在元大都城的基础上改建的，东西两面未变，北面因为空旷，居民极少，就向南收缩了约2.45千米，另筑新墙；南面则向东延伸了近1千米。同时在宫城四周开凿了宽达52米的护城河。内城则称为京城，方圆约22千米，有9座城门：东有东直门、齐化门（后改称朝阳门）、南有文明门（后改称崇文门）、丽正门（后改称正阳门）、顺城门（后改成宣武门），西有平则门（后改称阜成门）、彰义门（后改称西直门），北有德胜门和安定门。嘉靖三十二年（1553年），明世宗对京城进行了扩建，在京城南面筑重城，又称外城。这样，全城合成了一个"凸"字形。

明皇城位于内城中部偏南，方圆约8.8千米。皇城偏东有宫城，称为紫禁城，方圆约3千米。紫禁城中的宫殿的主体建筑都建在太液池的东岸。皇帝的居所与皇后和皇太子的居所更加接近。明代皇城的前朝是由三大殿构成，分别称为奉天殿、华盖殿和谨身殿。在三大殿的后面是两宫，分别称为乾清宫与坤宁宫。在三殿、两宫之后，分为三组宫殿群，坤宁宫往北，为中间一组建筑群，其东、西又各为一组建筑群。明代宫殿的中路是坐落在全城的中轴线上的，除了三殿、两宫之外，在坤宁宫后面的重要建筑为钦安殿，坐落在后御园之中。而在乾清宫、坤宁宫之间，明朝统治者又曾建有交泰殿。在三大殿的两侧，也建有重要的宫殿群落。在三大殿的东侧，主体建筑为文华殿。该殿为明朝统治者从事各种文化活动的主要场所。在三大殿的西侧，主体建筑为武英殿，与文华殿相对。最初武英殿也是帝王斋戒的场所，后来帝王主要是在文华殿斋戒，武英殿就成为皇后接见朝中命妇们的场所。

在城市管理上，明朝北京城被分为东、西、南、北、中五城，设有五城兵马司加以管理。城里的基层行政组织，由于北面城市面积的压缩，坊里数量比元朝时的50个有所减少，只剩下30余个。到嘉靖年间（1522—1566年），扩建南城（又称外城）之后，明朝统治者将两城的坊里加以调整，合计仍是30余个。

明朝北京的坛庙与陵寝建筑与元朝有了很大不同，带有更多的传统性特色。明朝北京地区最早兴建的礼制建筑为社稷坛与山川坛，其建成的时间是在洪武十二年（1379年）十一月，而其地点，则是在燕王府的西南面，符合"左祖右社"的模式。到了永乐五年（1407年），明成祖在营建北京宫殿的同时，也开始兴建各种祭祀坛庙。

永乐年间（1403—1424年）在北京兴建的郊坛，采用的是合祭天地神祇的模式，与元朝的郊坛是一样的，其位置也是在都城正南门的正阳门（俗称前门）外东南侧，但是其结构则与元朝有所不同。明朝北京的郊坛中央，建造有大祀殿，取代了圜丘与方丘的地位，成为合祭天神地祇的场所。大祀殿四周，则分别设置有24坛，代表五岳、五镇、四海、四渎、风云雷雨、山川，后改为分祭的方法，把南郊的祭坛仍用来祭祀天神，在大祀殿的前面重新修建了圜丘，又在北郊安定门外新设置了地坛，修建了方丘，用以祭祀地祇。此外，还在都城的东郊和西郊分别设置了朝日坛和夕月坛，用以祭祀日神和月神。天、地、日、月四坛分布在都城的四方，这一制度就被后人沿用下来，没有再发生大的变化。

在明朝的北京，与郊坛同样重要的另外两个礼制设施为太庙与社稷坛。明朝统治者在兴建这两个礼制设施之时，根据《周礼》的原则，定位更加准确，二者都是在皇宫的正前方，一左一右，结构十分紧凑。这种格局的变化，是与皇宫的整体变化相一致的。其在文化内涵方面，更加突出了中轴线的作用，也就是更加突出了皇权的威严。

明十三陵

明成祖在定都北京之后，采取的重要举措之一就是营建皇陵。从永乐四年（1406年）决定迁都北京，直到永乐七年（1409年）五月，明成祖才将皇家陵寝的位置选定在天寿山。先后共有13位明朝帝王被安葬在这里，所以被后人称为"明十三陵"。

明朝封建统治者在营建北京宫殿时，把皇宫与太液池分了开来，以太液池为中心的皇家园林，被称为西苑，仍然是帝王们的主要娱乐场所。出于生活需要，明朝帝王们在西苑中新修了许多亭台楼阁。明成祖在位时，对于西苑无暇游览，只是在其中演武骑射。此后，在明英宗及明宪宗在位时，都经常在此阅军卒、习骑射。从明英宗开始，帝王游览西苑的次数越来越多。

明英宗即位后，在天顺四年（1460年）九月又兴建了一组宫殿群。这次除了营建三大殿（凝和殿、迎翠殿、太素殿）之外，又建有六座亭（飞香亭、拥翠亭、澄波亭、岁寒亭、会景亭、映晖亭）、一座轩（远趣轩）、一座馆（保和馆）。到明世宗时，又在嘉靖十三年（1534年）六月建成一批宫殿，与原有的宫殿交相辉映。明世宗还在西苑中建造有帝社坛、帝稷坛、先蚕坛等设施。

闯王进京焚明宫

明末，统治者昏庸无道，百姓生活苦不堪言。终于在明熹宗天启七年（1627年），爆发了大规模的农民起义。

明思宗崇祯九年（1636年），起义军推李自成为领袖，被称为"李闯王"。崇祯十五年（1642年）底，起义军攻取湖北重镇襄樊。崇祯十六年（1643年），李自成改襄阳为襄京，称"新顺王"，设置了从中央到县一级的政府。当年年底，起义军攻占西安。崇祯十七年（1644年）正月，改西安为西京，建国号为大顺，年号"永昌"。西安成为大顺朝的"国都"。与此同时，李自成发布"即位诏"，此诏使他由"新顺王"转变为"大顺帝"。西京于是成为"帝都"。当年三月，起义军攻占北京，并迫使明思宗崇祯在煤山（今景山公园）自缢而死，大顺政权随后定都北京。但是，当李自成率领农民起义军前往山海关与清军对抗时，却受到了明朝守关大将吴三桂和清军的联手攻击，败退回北京。四月底，李自成见北京已无法守卫，于是弃城而去，并在临走时，将北京的部分宫殿纵火焚毁。

七、清北京城

——帝王都城的终结

清顺治元年（1644 年），清摄政王多尔衮在明臣吴三桂的帮助下率清军占领了明都北京，此后不久，顺治皇帝率文武百官来北京，并宣布"定鼎"北京，仍称京师。从此北京作为清帝国的首都长达 268 年，直至清朝灭亡。

清朝，北京城市建筑的格局没有再发生大的变动，基本上维持着明朝的旧貌。

清朝的北京城，从里往外，由皇城（包括紫禁城、外朝所在地）、京师、外城三部分组成。

皇城，周长约 10.4 千米。紫禁城设有 10 座城门，分别是：大清门、长安左门、长安右门、东安门、西安门、地安门、天安门、端门、阙左门、阙右门。紫禁城内是皇帝及后宫居住和皇帝处理朝政、宫中办事人员的活动场所。

外朝所在之地，北枕景山，西连西苑，外朝设有 12 座城门，分别是：午门、神武门、东华门、西华门、东熙和门、西熙和门、太和门、左昭德门、右贞度门、乾清门、景运门、隆宗门。外朝是国家重要机构所在之处，即诸王大臣官僚处理政务的地方。外朝是相对内廷而言的。

京师，周长约 23 千米，有 9 座城门，分别是：正阳门、崇文门、宣武门、朝阳门、东直门、西直门、阜成门、安定门、德胜门。京师为八旗驻地。

外城周长约 16 千米，有 7 座城门：永定门、左安门、右安门、广渠门、广安门、东便门、西便门。

清朝，在北京城内居住的民众与明朝相比发生了巨大的变化。清朝统治者出于对自身安全的考虑，将原来居住在内城的汉族民众全都驱逐，而让八旗军队及其家属入住，所有被驱逐的百姓只有住到外城等处。居民成分的巨大变化，使得整个城市的风貌也随之发生了巨大变化。那些被迫迁到外城居住的民众很快又形成了自己的文化圈与商业圈。

在清朝的北京，也是分为五城，但是与明朝的五城有所不同。明朝的五城基本上是按照地理方位划分的，而清朝的五城是把内城与外城并称。因为外城是在南面，所以外城的五城是无法按照地理方位来排列的。与五城的划分一样的是，清朝的坊里大多数也是兼跨内、外两城的。在数量方面，清朝北京的坊里是最少的，只有 10 个，而每个坊所包括的范围也要比元朝和明朝大一些。这种情况的出现，是与八旗子弟分驻内城的举措密切相关的。在清朝，八旗子弟分东西两城居住，住在东城的四个旗，自北向南依次为镶黄旗、正白旗、镶白旗、正蓝旗。住在西城的四个旗，自北向南依次为正黄旗、正红旗、镶红旗、镶蓝旗。

清朝的紫禁城在布局上，基本与明朝时一致，只是增修了部分建筑。紫禁城的外朝以三大殿——太和殿、中和殿、保和殿为中心。

太和殿俗称金銮殿，在故宫的中心部位，是清朝皇帝举行盛大典礼的地方，如皇帝登基即位、皇帝大婚、册立皇后、命将出征，此外每年万寿节、元旦、冬至三大节，皇帝在此接受文武官员的朝贺，并向王公大臣赐宴。中和殿位于太和殿和保和殿之间，是皇帝去太和殿大典之前休息，并接受执事官员的朝拜的地方。凡是遇到皇帝亲自参加祭祀，如祭天坛、地坛，皇帝要在前一天在中和殿阅读祝文，祭先农坛举行亲耕仪式前，还要在此查验种子和农具。保和殿位于中和殿后面，每年除夕、正月十五，皇帝为外藩、王公及一二品大臣赐宴都是在这里。另外，科举的殿试等也在保和殿举行。

在三大殿的东面是文华殿，是每年举行经筵的地方，在文华殿的东面，清朝统治者又建有传心殿，以供奉皇师（为神农氏及轩辕氏）、帝师（为陶唐氏及有虞氏）、王师（为夏禹、商汤、周文王及周武王）、先圣（即周公）、先师（即孔子）等人的神位，每当举行经筵之前，帝王都要派遣官员先举行祗告之礼。在文华殿之后，乾隆年间（1735—1795年）又建有文渊阁。明朝北京的宫城之内就建有文渊阁，也是存放各种典籍的地方。而乾隆年间，为了存放新修的《四库全书》，乾隆帝于是将文渊阁移建到文华殿之后。

在三大殿的西侧，与文华殿相对者仍有武英殿，其规模与文华殿一样，是文臣们校订《四库全书》的场所。在三大殿的后面是两宫一殿。与三大殿被称为外朝相对应，两宫一殿则被称为内朝。两宫一殿的名称与明朝时相比没有更改，前面是乾清宫，中间是交泰殿，后面是坤宁宫。乾清宫是清朝统治者处理日常政务的主要场所。由于乾清宫的政治地位十分重要，所以清朝主要衙门（如军机处、内务府、侍卫房及宗室王公、文武百官等）的值房都设置在乾清门外，以便帝王随时召见各种人物。

乾清宫与坤宁宫的两侧，分别建有东六宫与西六宫，是后妃们居住和生活的主要场所。东六宫的名称分别为景仁宫、承乾宫、钟粹宫、延禧宫、永和宫及景阳宫。这些宫殿在明末被毁，景仁、承乾、钟粹三宫为顺治十二年（1655年）重建的，而延禧、永和、景阳三宫则是康熙二十五年（1686年）重建的。西六宫的名称分别为永寿宫、翊坤宫、储秀宫、启祥宫、长春宫及咸福宫。其中，永寿、翊坤、储秀三宫为顺治十二年（1655年）重建的，而启祥、长春、咸福三宫则是康熙二十五年（1686年）重建的。

清朝留下来的紫禁城，共有宫殿建筑 9000 余间，占地面积达 70 余万平方米，是目前世界上最大的宫殿群落，在基本上保持明朝皇宫原貌的同时又进一步加以充实和完善，许多原有的宫殿在顺治和康熙两朝加以修复，到了乾隆年间，又新建了一些宫殿建筑。我们可

清朝紫禁城

以说，清朝的皇宫建筑，把中国古代的建筑艺术推向了最高峰，也是全人类木石结构建筑的辉煌典范。在这座建筑群落中，凝聚着中华民族优秀传统文化的精髓。

清朝上承明代之制，祭祀仍然在明代的圜丘（即天坛）进行，大致格局都无变化，其中，最主要的设施，一个是祭坛，一个是皇穹宇，一个是祈年殿，此外还有斋宫与神乐署。除了天坛之外，清朝的地坛、日坛、月坛及先农坛等，都沿用明代的旧制。

清朝北京的太庙，也沿用明朝的旧址，但格局有所不同。清朝的太庙包括前殿、中殿、后殿，中殿和后殿供奉清朝诸位帝王及祖先的牌位，前殿则是每年举行祭祀活动的场所。为在太庙举行祭祀活动，清朝统治者也修建了一些辅助设施，如神库、神厨、奉祀署、宰牲亭等。

清朝定都北京之后，也面临着选择皇陵的位置问题。经过一番考察，最终选择了河北遵化的昌瑞山陵区，并开始在此处营造皇陵。此后，雍正帝继位，另在河北易县的永宁山麓选择了一处陵区，于是，此后的清朝帝王就分葬在这两处陵区内。后人称遵化的皇陵为清东陵，易县的皇陵为清西陵。

清朝统治者们对宗教活动的控制比明朝要严一些，因此，在清朝的北京就没有出现上至达官贵人下至平民百姓纷纷营建寺庙、道观的现象。但是，因为受到明朝宗教兴盛发展的影响，在清朝的统治稳固之后，佛教与道教很快恢复了明朝的状况，并且又有所发展。整个直隶地区共建有大小寺庙 79600 余所。

在清朝的北京，伊斯兰教和基督教（包括天主教）的宗教势力也有了进一步发展。新建的清真寺和教堂不断增多，特别是西方列强入侵中国之后，西方传教士随着帝国主义军事力量的进入，也迅速扩张其宗教势力。但是，大多数北京民众对于西方宗教势力有着习惯性的抵触，也延缓了其在北京的发展进程。

清朝，北京的园林文化有了巨大的发展。上至封建帝王，中至贵族宗王，下至大夫士人，在整个统治阶层中掀起了一股又一股建造园林的狂潮。其中，尤以封建帝王们的建造活动最为狂热，达到了中国历史上的顶峰。清朝统治者与此前的辽、金、元时期的少数民族统治者一样，都十分喜爱狩猎活动，其主要目的显然不是为了娱乐，而是崇尚武功。因此，就如同蒙古帝王每年要去上都度夏一样，清朝帝王也要每年去承德避暑山庄度夏，并在木兰围场举行大规模的狩猎活动。而在北京城内外，清朝帝王营建的皇家园林却包含有更多的农耕文化的特色。

清朝帝王营建的皇家园林，多在京城西北一带，是因为这一带的自然风光十分美丽，有着建造园林的良好基础。在清代营建的皇家园林中，最为著名的有以下几座：

畅春园

畅春园位于京城西北的海淀，曾是明代皇亲武清侯李伟的私家园林。清代初年，康熙帝利用其旧址加以改建，使其成为著名的皇家园林。园内有前湖、后湖、清雅亭、花聚亭等建筑。

圆明园

圆明园距畅春园近 0.5 千米，原来是雍正帝即位之前的王府园林，始建于康熙四十八年（1709 年），堪称中国古典园林与西洋园林相互结合的经典杰作。其中的建筑艺术精华，集中在所谓的"圆明园四十景"（即正大光明、勤政亲贤、九洲清晏、缕月开云、天然图画、碧桐书院、慈云普护、上下天光、杏花春馆、坦坦荡荡、茹古涵今、长春仙馆、万方安和、武陵春色、山高水长、月地云居、鸿慈永祜、汇芳书院、日天琳宇、澹泊宁静、映水兰香、水木明瑟、濂溪乐处、多稼如云、鱼跃鸢飞、北远山村、西峰秀色、四宜书屋、方壶胜境、澡身浴德、平湖秋月、蓬岛瑶台、接秀山房、别有洞天、夹境鸣琴、涵虚朗鉴、廓然大公、坐石临流、曲院风荷、洞天深处）之中。此外，在"圆明园四十景"中，又有园中之园、景中之景，如在圆明园中，建有多稼轩一处别院，院中又有"多稼轩十景"。在圆明园中，还有一处值得一提的地方即文源阁，建于乾隆二十九年（1764 年），是乾隆帝收藏《四库全书》的地方。这座精美的皇家园林在咸丰十年（1860 年）不幸被英法联军洗劫并烧毁。

清漪园

清漪园位于万寿山、昆明湖（旧称西湖）一带，始建于乾隆十五年（1750 年）。乾隆帝在建造这座皇家园林之时，曾在万寿山前扩展西湖，改称昆明湖。就是这座曾经用于操练水军的皇家园林，在咸丰十年（1860 年）被英法联军毁坏，而有光绪十四年（1888 年），又被皇太后慈禧挪用水军经费加以重修，并改称颐和园。而重建的佛香阁、排云殿依恃山势，十分壮观。

静明园

静明园位于京西玉泉山脚下，始建于康熙十九年（1680 年）开始称澄心园，后改称静明园。早在金代，这里就曾经是著名的皇家行宫，

"燕京八景"之一的"玉泉垂虹"，就是指这里的景致。在静明园里，有乾隆帝御笔亲题"十六景"诗，把这座皇家园林中的美景加以概括。园中尤以玉泉之水名闻天下，乾隆帝在山脚下的泉水边御笔亲题"天下第一泉"五字，又有御笔所书"云泉趵突"碑，并以此取代"玉泉垂虹"一景。

清朝末年，统治者昏庸腐败，不断被列强入侵，百姓生活苦不堪言。1911年，孙中山等领导的辛亥革命推翻了满清的腐朽统治。1912年2月12日，宣统皇帝正式宣布退位，中国的封建王朝由此结束，北京作为封建帝王都城的历史也就此拉上了帷幕。

八、北京四合院的文化内涵

四合院是中国古代建筑中最具代表性的一种形式，对称式的平面布局与封闭式的外观是它的两个主要特征。这种形制适合中国古代社会的宗法制度与礼教制度，便于安排家庭成员的住所，容易营造出安静舒适的生活环境。

在布局上，四合院大都采用均衡对称的方式，沿着纵轴线和横轴线进行设计。在纵轴线上设置主要建筑，并在院子左右两侧对称修建两座形体较小的建筑，然后在主要建筑的对面建一座次要建筑，构成正方形或长方形的庭院，称为四合院。四合院的四角通常用走廊、围墙等将四座建筑连接起来，形成一个封闭的整体。此外只要将庭院的数量、形状、大小与木构架建筑的形体、样式、材料、装饰、色彩等略加改变，即可满足不同气候条件与功能作用的要求，因此，四合院不但是中国古代民居的一种重要形式，而且被广泛用于宫殿、府衙、佛寺、道观、祠庙乃至皇家陵园，成为中国古代建筑中的基本形式。

四合院虽然是遍布中国各地，但要说起四合院，人们首先想到的还是北京。北京四合院不仅有着悠久的历史，而且还具有鲜明的个性特色。四合院无论大小，都由基本单元——"院"组成。由四面房屋围成的庭院，为四合院的基本单元，称为一进四合院，如果圈成两个院落即为两进四合院，有三个院落则为三进四合院，以此类推。北京大型四合院可多达七进、九进院落，走进这样的院落，古人诗词中"庭院深深深几许"的意境自然会涌上心头。北京四合院在空间发展上虽然以纵向为主，但由于胡同宽度的限制，并不是所有宅院都能有四进以上的规模，于是一些大宅院出现了横向结构，一般将沿中轴线布局的院落称为"中路"，分居两侧的院落分别称为"东路""西路"。

北京四合院在北京城的历史中，不仅仅是人们的居住建筑，同时也是北京文化的载体。伴随800多年北京城市历史，四合院不但接纳了百姓众生，而且也滋生出自身的文化内涵。

标准的北京四合院由正房、厢房、倒座房、后罩房等房屋建筑组成，由于日照原因，无论路南还是路北的四合院均需保证正房朝南。北京四合院中的建筑以正房的形制最高，无论台基还是间架，正房都显现着突出地位。普通四合院正房多为三间、五间，七间很少。正房

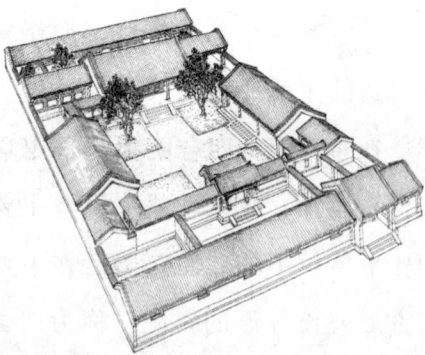

四合院整体构造示意图

两侧较低矮的房屋称为耳房，耳房的台基与间架均比正房小得多。宅院中与正房呈直角关系的房屋称为厢房，分别坐落在院落的东、西两

侧。倒座房位于宅院前部，大门左侧，因其方向与正房相反，故得此名。后罩房位于宅院最后，由一排间架不大的北房组成。北京四合院建筑多为单层，其高度与院落南北向的长度比约为3：10。

除上述房屋外，北京四合院中还有许多附属建筑，如既能遮风避雨、又起装点作用的回廊，分隔内宅、外宅的垂花门等。这些附属建筑在四合院中虽然不是主角，但凭着五彩的油漆与别样的装饰，却成为四合院中的亮点。

要了解北京四合院文化，就应从大门开始。大门是四合院的重要组成部分。大门不仅是宅院的出入之处，还可以显示出户主的职业、家境以及社会地位。为了确立封建统治秩序，大约从唐朝起，朝廷就明确规定了不同爵位、品级的贵族宅院与大门的形制，这项制度一直延续至清。在《清会典事例》中就记载了顺治初年的明确规定，亲王府“基高十尺，正门广五间，启门三”，“均红青油饰，每门金钉六十有三”。郡王府、世子府“基高八尺”，“正门金钉减亲王七分之二”。贝勒府“基高六尺，正门三间，启门一”，“门柱红青油饰”。贝子府“基高二尺”，“启门一”。“公侯以下官民房屋，台阶高一尺”，“柱用素油，门用黑饰”。

朝廷虽然只规定了亲王贵族府第大门的形制，但从公侯以下民居的大门也仍然能看出户主的身份高下。普通四合院的大门可分屋宇式与墙垣式两种，屋宇式大门级别要高于墙垣式大门。

屋宇式大门依门柱的位置不同又分广亮门、金柱门、蛮子门、如意门。广亮门位于中柱间，大门里外形成面积相等的门洞；金柱门位于金柱间，大门外的门洞小于门里的门洞；蛮子门直接安放在檐柱上，门外没有门洞。这三种大门都为一开间。如意门则不足一间，大门位置与蛮子门相同。这些大门中以广亮门的级别最高。居住在屋宇式大门中的主人或在朝中为官，或为社会名流，或具富贵钱财。为了显现门第的不同，当官的人家还会在大门框上，顶瓦之下加上两件叫作"雀替"和"三幅云"的装饰物。这两件东西本是木结构的部件之一，但它的有无却标明了富民之别。大门门管之上叫作走马板，那里恰好是一块横宽竖短的长方形空地，给挂匾创造了条件，于是匾上的字迹就成为了主人身份、职业的介绍。

四合院的大门

墙垣式大门是四合院中级别最低的，虽然因主人的财力、爱好，也作了简单的修饰，但是居住在这种四合院的大多是普通百姓。

旧时四合院不仅大门的形制有许多讲究，门饰也有许多规定。唐朝著名诗人杜甫有一句名诗"朱门酒肉臭，路有冻死骨"，诗中用"朱门"形容达官贵族的宅第，是有制度依据的。以往对门漆颜色的规定是十分严格的，公侯以下的官民住宅，一律"柱用素油，门用黑饰"，谁也不敢越制。

"大门以里，二门之外"的这一空间虽然不是四合院的主体，但其中的文化内涵并不比宅院内部少。

北京四合院讲究含蓄、祥和，无论门第高低，大门内一般都有一面影壁，既挡住了院内的杂乱，也藏住了主人的隐私。常见的影壁有三种，一种是独立于厢房山墙或隔墙之外的，称为一字影壁，如果影壁与山墙连为一体，则称为座山影壁；另一种影壁位于大门的东西两

侧，与大门檐口成八字形，称
"反八字影壁"或"撇山影壁"；
还有一种影壁坐落在胡同对面，
正对宅门，随排列形式不同分
别称"一字影壁"或"雁翅影
壁"。

北京四合院中最常见的影
壁是一面独立的墙体，称为

北京四合院的影壁

"独立影壁"。独立影壁的下部常常设须弥座，顶部采用清水脊或元宝
脊，并覆筒瓦顶。墙体的中部称为"影壁心"。影壁心分为硬心、软心
两种，硬心磨砖对缝，软心为素面白墙，且绘有壁画或刻有浮雕。用
于影壁的花纹图案有多种变化，砖雕花色有钩子莲、凤凰牡丹、荷叶
莲花、松竹梅等。影壁虽是四合院的附件，但也显示出与四合院氛围
完全吻合的文化特征，无论是雕刻精美的砖雕，还是镶在上面的吉词
颂语，都寄托着主人祈祝祥和平安的愿望。

两进院落以上的四合院，一般都分内宅、外宅，分隔方式是沿厢
房南侧建一道隔墙，将院落分为内外两部分。隔墙以内由北房、厢房
围成的院落为内宅；隔墙以外的倒座房及院落称为外宅。大门与二门
之间的院落，虽然不是四合院的主体，但也同样有许多讲究。一般的
四合院进入大门，影壁左右两侧各有一个月亮门，进入左面的月亮门
就是二门以外的小院了，这里有一溜南房，由于房屋朝向为北，也称
为倒座房。旧时人家往往将南房作为客房，或年轻少爷的书房。影壁
右侧的月亮门内是一个小院，有一间面积很小的南房，一般用作私塾
或佣人的住处，小型的四合院往往不设这处小院。

内外宅之间的沟通是靠二门实现的。二门也叫垂花门。垂花门起着沟通内外院的作用，一般都建在三层或五层的青石台阶上，垂花门的两侧则为磨砖对缝精致的砖墙。垂花门建在四合院的主轴线上，与院中十字甬路、正房一样，同在一条南北走向的主轴线上，内宅的抄手游廊、十字甬路均以垂花门为中轴而左右分开。

垂花门的建筑形式是多种多样的，北方四合院中多为一殿一卷式，所谓一殿一卷是指垂花门的屋顶是由一个尖型顶与一个卷棚顶组合而成，外形很像英文字母"M"。也有的垂花门是由单卷棚顶构成。传统四合院用色讲究协调、淡雅，整个院落大多建筑都为材料本色，唯有二门装饰得五彩缤纷，门旁两侧的垂花柱更是形态各异。莲瓣、串珠、花萼或石榴头等形状是垂花柱最多的表现形式。此外联结两垂柱的部件也有很美的雕饰，题材一般有"子孙万代""岁寒三友""福禄寿喜"等，这些雕刻同样寄予着宅主对美好生活的心愿。

垂花门外边像一座华丽的门楼。从院内看却似一座亭榭建筑的方形小屋。四扇绿色的木屏门因为经常关着，恰似一面墙，成为外宅、内宅之间的又一道影壁，除红白喜事、贵客光临这样的大事，这道屏门平日是不开的，人们过往出入都走侧面。

进入二门之后就是四合院的内宅了，由于日照的关系，房子以坐北朝南最好，所以，四合院无论宅门开在哪个方向，都以北房为正房，东西房称为厢房。内宅是四合院的主体，北面正房是院内最大的建筑物。清朝对于亲王、贝勒的府第除规定了大门的形制外，也详细规定了正殿的开间、基高、颜色、脊饰等。与王府相比，普通四合院的正房自然要小得多，但在一家之中的地位仍然最高，台基和房屋的尺寸都比较高大，一般是三间或五间，正房两侧还有进深、高度都较小的房间，称为"耳房"。如果正房每侧有一间耳房，两侧共两间即称为"三正两耳"，如果每侧两间，两侧共四间耳房则称"三正四耳"。小型四合院多为"三正两耳"。中型四合院则为"三正四耳"。如果四合院的规模较大，在东西厢房的南侧，还会出现厢耳房。

四合院中上下尊卑、内外亲疏，一切都规划得井然有序。这里有着中国人的传统，中国人的观念。据《周礼》记载，早在几千年前所形成的"前朝后寝"的屋舍布局观念，不仅体现在帝王宫殿的安排上，而且也反映在民居的利用中。大型四合院一进院落中的北房多做接待贵客的厅堂，小型四合院没有多余的房间，只好将这一功能安排在北屋的中厅，两侧套房中仍然住人。旧时内宅的居住分配是十分严格的，如果一家祖孙数代，那么辈分最高的多住在北房，东西厢房是后辈儿孙居住的地方。厨房往往设正东院，东厢房后墙另开门与厨房相通。

大一些的四合院最后一排正房称为后罩房，也有的人家在这里盖起楼房，称"后罩楼"。后罩楼多做小姐的绣楼。

在大型四合院的正房、厢房与垂花门之间，通常有游廊连接。凡有游廊连接的房子，其前檐都有廊子，在廊子两端的山墙部分留有洞口，通向游廊，叫做廊门筒子。游廊是四合院的开畅式附属建筑，既可供人行走，躲风避雨，也可休息小坐。除实用之外，游廊的彩绘雕饰也为宅院增添了一道亮丽多彩的风景。

讲究的四合院在屋墙与院墙之间设有一条更道，供更夫巡夜、打更之用。

北京四合院不仅讲究建筑格局，在装修上的花纹与雕饰也是颇具特色的。人们采用象形、会意、谐音、借喻、比拟等手法，创造出丰富的图案、雕饰，以图案所包容的文化内涵来寄托主人对于幸福、美好、富庶、吉祥的向往和追求。

在北京四合院中，最常见的图案是"步步锦"，这种图案是由按一定规律组合在一起的横线与竖线构成，周围嵌以简单的雕饰，多用于窗棂。将这种装修花纹冠以"步步锦"的美称，反映出人们渴望不断进取，一步步走上锦绣前程的美好愿望。

在北京四合院中的砖雕、木雕中，常会出现动物、植物以及人物形象，并通过谐音、会意，表达吉祥、美满的愿望。如蝙蝠取其音象征幸福；"寿"字或桃子图案寓意长寿；兰花、灵芝表现"君子之交"；"万"字、柿子、如意组成"万事如意"；花瓶内插上月季花加上鹌鹑，表示"四季平安"；芙蓉、牡丹表现"荣华富贵"；葫芦或石榴或葡萄加上缠枝绕叶，表现"子孙万代"。

除了房屋建筑之外，与四合院整体环境配套的还有院中的花草、屋内的家具以及檐头、屋脊的砖雕、彩绘等等，可以说庭院之中，一草一木都有说不尽的学问，道不尽的讲究。院中的花草，旧时人家大多选择种石榴、夹竹桃等象征吉祥的植物。

中国人一般喜欢成双成对，左右对称。但在北京四合院房屋的间架上却选取了单数，正房三间或五间，如果有四间的地方也要盖成三大间，每边再盖半间，美其名曰"四破五"。至于东西厢房，也多以三间为准，目的是在院中建筑组合里产生一条中轴线，如同人身上的脊梁，构成院落的风水源头。正因为如此，北京又出现了"四六不成材"的俗语。

四合院是中华文化的载体，也是北京地域人文风貌的象征。风雨的摧残，岁月的剥蚀，虽然使大多数四合院失去了往日的光彩，但院落中的一砖一石仍能唤起人们对历史的追忆，对中华文化的向往。

九、北京胡同的历史变迁

胡同是北京城街巷的一种通名，泛指城内规模较小的交通通道。过去胡同遍布京城，老北京多用"有名胡同三百六，无名胡同似牛毛"来形容北京的胡同。胡同可谓北京的一大特色。北京的胡同是北京城的血管，蕴涵着浓郁的平民气息和多彩的百姓风俗。

把小的街巷叫作胡同大约从元朝开始，元朝熊孟祥的《析津志》和明代杨慎的《丹铅总录》都认为"胡同"一词来源于方言；清朝朱一新在《京师坊巷志稿》中认为"胡同"是合音字；语言学家张清常则认为"胡同"来自于蒙古语"水井"。

由于胡同就是北京城中的小街小巷，因此胡同一方面承担人们出入交通的功能，另一方面也显示出自身的文化内涵，这其中名称的来历与变化恐怕是最值得我们寻味的部分了。

明朝时期，卫所制度是一种基本的军事编制，各军事要害之处都有卫所设置。明朝灭亡后，这一制度也逐渐被人们淡忘，遗留在地名中的明代卫所之称，也被后代弄得面目全非了。如明朝的金城坊有济州卫胡同，崇教坊有武德卫营，这两个胡同到了清朝乾隆年间的《京城全图》中，却分别被改成了"机织卫胡同"和"五道营"，听起来前后的读音没多大变化，但实际与明朝所标识的内容完全不同了。现在北京东单北大街有东、西总布胡同，名字很难理解。在乾隆《京城全图》中标为总部胡同，但"总部"又指的是什么呢？再看明朝，原来这里著录为"总铺胡同"。有关"铺"的问题，可以追溯到元朝，"铺"是元朝驿路上的点，约十里设一铺，于是在地名中就有了"十里铺"

"二十里铺"等。"铺"虽与元朝驿站制度相关，明朝在北京城里也有了变化，张爵的《京师五城坊巷胡同集》记述北京分为五城三十六坊，每坊下分为若干牌，牌下再分若干铺。"总铺"以及今天仍存的"六铺炕"这些地名，都与这一制度相关。"总铺"讹为"总部"，"总部"再讹为"总布"，就是如今东、西总布胡同命名难解的原因了。当然在现今胡同之中也有许多仍然沿用的旧称，却也不为大家陌生，如"东厂胡同"就是这样一例。

现在北京皇城东侧有南河沿、北河沿的街道名。街道中不是胡同，但与街道相连的却是胡同，这些胡同的命名或与河有关，或与仓有关，但现在不但与河流相关的地理景观所见不多了，而且遗留下来的古代仓库也只仅存一二，胡同以及相关的街道名称却为北京城保留了过去的地理线索。

北京胡同名称的流变多属于音讹而改名，如明朝的阜财坊有个"祁家胡同"，读快了像茄子，于是在乾隆《京城全图》中就写成了"茄子胡同"。这样的事例很多，教忠坊的"水塘胡同"，变为"水塔胡同"；正西坊的"张善家胡同"讹为"掌扇胡同"；正东坊的"巴家胡同"讹为"八角胡同"；思诚坊的"铸锅胡同"讹为"竹竿胡同"；明时坊的"扬州胡同"讹为"羊肉胡同"；阜财坊的"白帽胡同"讹为"白庙胡同"等等。这样的音讹不但为我们今天辨识胡同名称的来历造成困难，即使古人也会产生错误认识。

北京街道多数规划为正南北、东西方向，胡同分布在街道两侧，多数与街道直交。但有的地方因河流等原因也有斜街，这样的街道、胡同往往在命名中就显示出来了，如杨梅竹斜街、樱桃斜街、烟袋斜街、白米斜街等。其中烟袋斜街是今天以什刹海为核心胡同游的重要部分，这条胡同的形状受什刹海影响，东口像烟袋嘴，往西顺着细长的烟袋杆，至西口向南直通银锭桥，仿佛是安在烟袋杆上的烟锅。

胡同与北京城的历史相伴相生，在北京城的数百年风雨沧桑中，胡同也经历着各样的变化。交道口南大街有府学胡同，胡同因没设在路北的顺天府学得名，顺天府学为顺天府办的官学。北京城内与之功能相近的还有国子监，国子监位于安定门附近的国子监胡同，为全国最高学府，也被视为太学。在东城未改造之前，建国门内大街有贡院东街、贡院西街等名称，显然以往这一带曾是贡院所在地。贡院是开科考试的地方，明、清两代，每三年全国各地的举人均汇集到这里参加会试。从府学到贡院是封建时代书

生进入仕途的必然途径，当年那些饱读经书的学子们出入于这些胡同周围，不仅将这里视为日后腾飞的起点，而且也为周邻带来浓浓的书香。随着科举制度的废除，这些曾为龙凤之巢的官学、贡院也失去了往日的作用，顺天府学成为一座小学校，国子监成为了首都图书馆，贡院早已拆除，基址上新建的是中国社会科学院。

翻开北京地图，胡同的名称记录着北京历史的种种场景，如禄米仓、按院胡同、兵马司、骡马市、缸瓦市等等，无不从一个角度显现了旧日的北京风貌。

北京胡同的故事像北京历史一样绵长，这些由灰砖灰瓦构成的小巷，带着北京历史的痕迹，带着京师文化的记忆，在沧桑中形成圈圈年轮，在寻常中构筑出古都的风华。

第五章　南京

——虎踞龙盘打造石头城六朝繁盛

一、古都概况

优越的气候条件、地理位置和交通条件

南京位于北纬 31°14′至北纬 32°37′，东经 118°22′至东经 119°14′。南京属亚热带季风气候，年平均温度 15.4℃，年极端最高气温 39.7℃，最低气温－13.1℃，雨量充沛，年平均降水量 1106 毫米。四季分明，春季风和日丽，梅雨时节，又阴雨绵绵；夏季炎热，与武汉、重庆并称"三大火炉"；秋天干燥凉爽；冬季寒冷、干燥。南京春秋短、冬夏长，冬夏温差显著。

南京地处长江中下游的中心，长江流域孕育出历史久远、内涵博大的文化，是伟大的中华文化最重要的起源和发展中心之一。浩浩长江从安徽省芜湖市东、西梁山夹峙的"天门"奔腾而出，自西南向东北进入南京境内，受到宁镇反射弧地质构造的弯折，急转向东，形成了一个弧顶向北突出的"长江大转弯"。南京就处在这个大转弯的顶端，主城在江南，又跨江而立。这样一个独特的地理位置，使南京成为距离中原地区最近的江滨城市。它北接辽阔坦荡的黄淮平原，溯江西上连通江汉平原直到巴蜀"天府之国"，顺流东下就是锦绣富饶的长

江三角洲，向南则是山水奇丽、物产富饶的皖南和浙北的杭嘉湖地区。自古以来，水路和陆路交通的便利，使南京成为大江南北的要津、山海东西携手的重镇，连结起中国的南方与北方、东部与中西部的枢纽。

南京不仅地理位置优越，其地理环境和山水形胜也备受赞赏，自古就有"龙蟠虎踞"之称。万里长江浩浩荡荡从主城区西侧奔流东去，而东、南、北三面山峦环绕，有紫金山、牛首山、幕府山、栖霞山、汤山、青龙山、黄龙山、祖堂山、云台山、老山、灵岩山、茅山等，另有富贵山、九华山、北极阁山、清凉山、狮子山、鸡笼山等分布于南京市区内，形成了山多水多丘陵多的地貌特征，古来称之"一环碧玉缺城西"。主城内外，冈峦起伏，河湖相连，错落有致，山水相映，气象万千。

南京自古以来就有着发达的水运，其中最主要的就是长江航运。早在3世纪，东吴拓土扬帆，交通江海，都城建业便有"门泊万里船"而"掩乎江湖"的盛况，各地货物种类繁多，充满市集。明初三保太监郑和七下西洋，巨型海船在南京江边宝船厂打造，最初的起锚地也在龙江湾（今南京市下关区长江边）。

南京另外一条重要的河流就是秦淮河，它被称为"南京人文的摇篮"。秦淮河全长110千米，由南向北，在南京汇入长江。历来传说是秦始皇南巡时为"泄金陵王气"而"凿断长垅"，引河通江，故名秦淮。其实它是一条有着约300万年历史的自然河道，古名龙藏浦，又称淮水。至中唐以后，始有"秦淮"之名出现。如刘禹锡"归来惟见秦淮碧"、杜牧"夜泊秦淮近酒家"等传世诗作，屡屡作如此称呼。前人已有评说："石城几度更新主，赢得淮流尚系秦。"秦淮河流域，拥有2600多平方千米的肥沃平原和环抱的丘陵低山，是江南著名的稻米、林木的富饶产区，各种物产顺流源源输入南京城。

南京地区最早的居民原始聚落和最早的城邑，就主要分布在秦淮河沿岸。早在南京有城之前，长干里、横塘这些沿河居民区，已经带来了南京最初的繁荣。六朝时，高门甲族也把府邸集中建在秦淮河岸边。"王谢堂前双燕子，乌衣巷口曾相识"，东晋时主宰朝政的王、谢大族所居的乌衣巷遗址，至今还在秦淮河南岸。

秦淮河美景

六朝时秦淮河还在建康城外，到 10 世纪五代十国时，杨吴、南唐所建城池，把秦淮河圈进了城内，另开城外河道为护城河。从此，秦淮河分内外两支。从城内穿过的一支，便是闻名远近的"十里秦淮"了。

不论提到"六朝金粉地"还是"桃花扇底送南朝"，也无论讲述"秦淮灯火历明清六百年而不衰"还是"一带秦淮河洗尽前朝污泥浊水"，古今兴衰荣辱多少事，都在"十里秦淮"上演。

除了长江和秦淮河，南京还有众多的河流和湖泊，如珍珠河、胭脂河、固城湖、燕雀湖等。这些河流和湖泊在构成发达的水运网络的同时，也给南京古城增添了秀丽的景色。

江南形胜孕育十代繁华都会

正是由于有了以上的这些优越条件，南京吸引了多位古代帝王选择都城的目光。

自 229 年起，东吴、东晋与南朝宋、齐、梁、陈，相继在南京建都，史称"六代豪华"；唐宋之交，南唐也建都南京雄踞东南，为五代十国中之佼佼者；到了中国大一统的明代，朱元璋在此称帝，南京呈现"秦淮灯火甲天下"的繁荣景象。至近代，在中国人民风起云涌的反封建、反侵略的伟大斗争中，太平天国在此定都，浩大的革命声势，动摇了腐朽的清王朝统治。南京有着 35 万年以上的人类文明史，2400 多年的建城史，400 多年的建都史，1000 多处重要的文物史迹，因此被称为"六朝古都""十代都会"，还被国务院列为"第一批历史文化名城"之一。

古都南京在中国历史进程中所发挥的巨大作用，铸成的光荣传统，积淀的丰富文化和重要历史遗存，是取之不尽的宝贵财富。吴宫花草、晋代衣冠、六朝金粉、南唐陵寝、明祖殿堂、天国烽火，记载着多少惊心动魄的史话，传诵着多少可歌可泣的事迹。

南京在中华民族的历史长河中担负过特殊的使命——"十代故都"，大多处在历史转换和接续的关头，承传并且发展光辉璀璨的华夏文化，使无数历史的新章在这里开篇。因此，存留在南京土地上的历代文化遗产，是我们民族的"历史文脉"不可或缺的重要链环，都具有很高的历史价值、科学价值和艺术价值。

二、虎踞龙盘的金陵古邑

南京的西面有座石头城，故址在今南京市清凉山，它像一只蹲着的老虎，东面有钟山，像盘曲的卧龙。所以，历来的人们称南京为"虎踞龙盘"。这个称呼由来已久，据晋代张勃的《吴录》记载，刘备派遣诸葛亮到南京，诸葛亮就赞叹道："钟山龙盘，石头虎踞，真乃帝王之宅也。"北周庾信在《哀江南赋》中说："昔之虎踞龙盘，加以黄旗紫气。"唐代刘知几在《史通·书志》中解释说："虎踞龙盘，帝王表其尊极。"唐代李白在《永王东巡歌》中也说："龙蟠虎踞帝王州，帝子金陵访故丘。"可见，"虎踞龙盘"一词早已为人们认同。

范蠡之城
—— 南京的源头

南京城的历史，至少可以追溯到春秋战国时期。相传春秋末年，吴国就曾在今南京市水西门内朝天宫一带，修筑了冶炼铸造作坊，就地取材，大量制造兵器和生产生活用具，并将这里称之为"冶城"。

战国初年，越王勾践灭掉吴国以后，命范蠡在今中华门外雨花台路西侧长干桥南筑城，称为"越城"，又名"范蠡城"。它是南京历史上第一座有确切年代可考的军事性质的古城，被公认为南京城市的开端。据此可知，南京建城已 2400 多年。越城范围很小，方圆约 0.8 千米，但地理位置重要，越王就曾以此城作为攻楚的根据地。越城北临秦淮河，南依聚宝山（今雨花台），控扼着秦沔势险要，为越国与西边楚国争雄的重要据点。城作为都城南面的军事要塞和兵家必争之地提到。

范蠡，字少伯，楚国宛（今河南省南阳市）人，春秋末期的政治家、军事家和经济学家。他出身贫寒，但聪敏睿智、胸藏韬略，青年时期就学富五车，满腹经纶，文韬武略，无所不精。公元前 496 年前后，他来到越国。公元前 494 年，阖闾之子夫差为报父仇与越国在夫椒（今江苏省太湖中的洞庭

商圣范蠡

山）决战，越王勾践大败，逃入会稽山。范蠡在勾践穷途末路之际投奔吴国，献"卑辞厚礼，乞吴存越"之策。他陪同勾践夫妇在吴国为奴三年，三年后归国，与文种一起辅佐越王拟定"兴越灭吴九术"。为了实施灭吴战略，范蠡跋山涉水，在苎萝山浣纱河访到德才貌兼备的巾帼奇女——西施，在历史上谱写了西施深明大义献身吴王，里应外合兴越灭吴的传奇篇章。范蠡辅助勾践 20 余年，终于在公元前 473 年帮助勾践实现了灭吴大业，被尊为上将军。在举国欢庆之时，范蠡急流勇退，与西施隐姓埋名，泛舟五湖。

在我国长达 5000 余年的封建传统中，由于一直都重农轻商，所以范蠡一生虽有辉煌的业绩，却终因弃官经商的经历而无缘与历史名人共同被载入史册。

金陵之名的由来

据史书记载，周显王三十六年（前 333 年），楚国灭了越国后，在今清凉山上修筑了一座城邑。因为那时紫金山叫做金陵山，它的余脉小山都还没有自己的名字，楚邑建在清凉山上，而清凉山当时是金陵山的一部分，所以就把此城命名为金陵邑。在唐代的《建康实录》中，明确地记有楚威王是"因山立号，置金陵邑"，即用山名作为城名。由于当年的长江还在清凉山的西面山脚下流过，金陵邑临江而建，控扼长江，形势十分险要，所以楚威王选在这里设置金陵邑，想凭借长江天堑作为屏障，以图谋天下霸业。金陵邑是南京历史上仅次于越城的第二座古城。当时的金陵邑只是个具有军事意义的小城堡，城市虽然规模不大，但从性质上来讲，它已和越城迥然不同，而是一座具有行政区治所性质的古城，是南京设置行政区划的开始，当然也是南京称为金陵的发端。

关于"金陵"之名的来源，还有另外一种说法，即盛行于民间的"埋金"之说。在这种说法中，"陵"被解释为"坟墓"，"金陵"即"埋金的坟墓"。相传金陵的名称是因秦始皇在金陵岗埋金以镇王气而得。而金陵岗据说在今幕府山西。在《景定建康志》中有这样的记载："父老言秦（始皇）厌东南王气，铸金人埋于此。"并说在秦始皇埋金的金陵岗曾立有一碑，上刻："不在山前，不在山后，不在山南，不在山北，有人获得，富了一国。"但又有人传说秦始皇并没有真的埋金，而只是诡称在山中埋金。这样，让寻金的人在山的前后南北，"遍山而凿之，金未有获，而山之气泄矣。"此外，还有楚威王埋金之说，据说当时楚威王觉得南京"有王气"，非常担心，于是吩咐手下在今狮子山以北的江边（古称龙湾）埋金。

"埋金"一说并不可靠，首先，这种说法有明显的传说和迷信色彩。其埋金的目的是为了"镇王气"，所谓"金陵王气"是指金陵的风水特征。而有关"金陵王气"的提法，最早也只出现在三国时期。因此，无论楚威王还是秦始皇，都不可能"惧王气"而生出"埋金"之举。再者，"陵"作"坟墓"义用时，仅指埋葬帝王的地方，埋金的地方是不能称"陵"的。

秦始皇二十四年（前223年），楚国灭亡。秦统一全国后，改金陵邑为秣陵县（今南京市江宁区南秣陵），属会稽郡。

三、六朝风雨铸就金陵辉煌

魏晋南北朝时，中国历史进入一个300多年以分裂为主且呈南北对峙的时期。魏、蜀、吴三分天下，立国江南的东吴（222—280年）于黄龙元年（229年）定都建业，使南京从江东一县一跃成为国都。以后，东晋王朝（317—420 年）和史称南朝的宋（420—479 年）、齐（479—502 年）、梁（502—557 年）、陈（557—589 年）四代，相继建都于此，城名建康，前后 300 多年之久。这就是人们所说的"六朝"。这一时期，北方多战乱，江南经济、文化以都城建康为中心，迅速发展起来，逐渐赶上了中原地区，以"六代豪华"著称。

孙权"建业"帝王州

东汉末年，豪雄并起，诸侯争霸，国家再一次陷入大分裂。在诸侯混战中，形成了曹操、刘备、孙权三股政治势力。建安十三年（208 年），孙刘联军在赤壁之战中大败曹军，最终奠定了魏、蜀、吴三分天下的局面。孙权继承父亲孙坚、兄长孙策的基业，占有东南大半壁河山，开始以吴郡（今江苏省苏州市）为统治中心，后来迁到京口（今江苏省镇江市）。相传诸葛亮在赤壁之战前夕，出使东吴，与孙权共商破曹大计。诸葛亮在途经秣陵县时，特地骑马到石头山观察山川形势。他看到以钟山为首的群山，像苍龙一般蜿蜒蟠伏于东南，而以石头山为终点的西部诸山，又像猛虎似的雄踞在大江之滨，于是发出了"钟山龙蟠，石头虎踞，真乃帝王之宅也"的赞叹，并向孙权建议迁都秣陵。孙权在赤壁之战后，迁都到秣陵，建安十七年（212 年），改称秣陵为"建业"，取"建功立业"之意。

建安十八年（213 年），孙权又在清凉山原有的城基上修建了著名的石头城。南京旧有的"石城"和"石头城"的称谓即因此而得名。长江就从清凉山下流过，石头城的军事地位十分突出，孙吴也一直将此作为最主要的水军基地。此后数百年间，这里一直是重兵镇守的军事重镇，南北战争，往往都是以夺取石头城而决定胜负。

石头城以清凉山西坡天然峭壁为城基，环山筑造，周长7里多（约合3千米）。北缘长江，南抵秦淮河口，南开二门，东开一门，南门之西为西门。石头城依山傍水，夹淮带江，地势险固，是一座重要的具有防御性质的要塞。城内设置有石头库、石头仓，用以储军粮和兵械。在城墙的高处还筑有用于报警的烽火台，可以随时发出预报敌军侵犯的信号。

建安二十五年（220年），孙权迁都武昌（今湖北省鄂州市），在建业设置丹阳郡。黄龙元年（229年），孙权正式即帝位，将都城设在建业，并下令重新整修建业城。

孙吴的建业城北倚鸡笼山、覆舟山和玄武湖，东凭钟山，西临石头山，南面正中白门（后东晋改称"宣阳门"）在今新街口附近淮海路一带，周长10多千米，以竹篱为城围。全城布局，并不规整，大体可分为都城中部和北部的宫苑区、都城南部及街道两侧的官署区、南城外秦淮两岸的居民区和西城外沿江以石头城为核心的军卫区。宫苑区是都城的主要部分，占据了建业城差不多四分之一的面积。孙权定都之初，仍住在先前从京口移治金陵时所住的将军府里，称太初宫，在四周筑起宫墙，加强防卫。赤乌十年（247年），孙权下令改建太初宫，采用的是拆除武昌旧宫，顺江运来的建筑材料。改建工程于第二年的农历三月完工。改建后的太初宫方圆约720米，共开八座宫门：公车门、苍龙门、白虎门、玄武门、大航门、升贤门、左掖门、右掖门。正殿是神龙殿。太初宫以北，有后苑城，占地面积很广。到孙权的孙子后主孙皓时，在太初宫东边大兴土木，建造了昭明宫。其余太子南宫及西苑等，布局也显得凌乱。

位于秦淮河两岸的是商业区和居民区，并且沿着秦淮河向东、西、南三个方向延伸，其中最著名的是"横塘"和"长干"两个区域。西晋左思在《吴都赋》中形容"横塘查下，邑屋隆夸"。唐代崔颢《长干行》诗中描写的"君家何处住？妾住在横塘"，"同是长干人，自小不相识"就是指这里。"横塘"的位置大概在今"内秦淮"的中华门到水西门段的秦淮河两岸，这里是当时最繁华的商业区，建业最大的商业区"大市"就位于这个区域。"长干"则在今雨花台下到长干桥一带，它既是商业区，又是高级官僚的住宅区。东吴文官中的首领张昭就住在今长干桥附近，当时的地名叫"张侯桥"。东吴大将陆逊的两个孙子著名的文学家陆机和陆云兄弟，也住在长干里的越城附近。

东吴立国之初，江南农耕仍处于比较落后的状态。孙权号召百姓发展农桑，并大力兴修水利，建业都城之中，新开运河由秦淮河直达宫城后苑；在方山一带丘陵山地，又开凿破岗渎，上下 14 道船闸、水坝，使秦淮河与太湖流域直接通航。经过数十年不断努力，建业周边，水稻产量可达每亩两斛多（5 斗为斛），已赶上中原水平。同时手工业、商业迅速发展，青瓷的制作，丝织业的兴起，造船业的发达，都是这一时期的代表之作。随着造船业的发展，东吴已有能够载 3000 人的大船，不但西蜀"门泊东吴万里船"，而且扬帆海外，先后到达林邑（今越南中部）等上百个国家和地区。

孙吴末帝孙皓曾在甘露元年（265 年）一度迁都武昌，当时流传着这样一首童谣："宁饮建业水，不食武昌鱼。宁还建业死，不止武昌居。"这也许是江南世家大族因不愿迁都而杜撰出来的。但当时迁都的确遭到了强烈的反对，孙浩不得已于宝鼎元年（266 年）又将都城迁回建业。这时，北方的司马氏已经灭蜀代魏，建立晋朝，称为西晋。孙吴王朝失去了政治均势，形势岌岌可危。晋太康元年（280 年），武帝发兵 20 余万，兵分六路，大举攻吴。大将王濬（jùn）所率 8 万水军，顺流而下，攻占了石头城。吴后主孙皓只得反缚双手，向晋军投降。东吴立都建业 51 年而亡。至此，金陵的王气暂时黯然收场。

东晋偏安建康城

西晋灭吴以后，建业城并未遭到很大的破坏，只是在行政区划和名称上做了一些小的变更。太康三年（282 年），改建业为建邺，又在淮河以南设立秣陵县。后来，为了避愍帝司马邺讳，于是在建兴二年（314 年）改建邺为建康。西晋统一的时间很短暂，由于皇族内部的争权夺利，最终酿成了"八王之乱"，加上外有匈奴等族南侵，据地称王，中原于是陷入更大的分裂。

到了建兴五年（317 年），西晋王朝在起义军的风暴中覆灭。南逃的北方大族共同拥立镇守建康的琅琊王司马睿为皇帝，建立了偏安的东晋王朝。由于有长江的阻隔，在中原战乱之际，东晋偏安江南，相袭 11 代，历时 103 年之久。

东晋定都建康以后，由于在咸和二年（327 年）苏峻发动叛乱，原有的宫殿都被毁，所以晋成帝下诏，在建康营建新宫，名为建康宫。东晋皇室是魏晋旧族，建康城基本上仿照曹魏邺城和魏晋洛阳城的布局而设计，在中轴线上布置主殿，中轴线两边的建筑对称。

东晋建康城共有 12 座城门。建康宫的外围宫墙周长约 3.3 千米，布局仿照魏晋洛阳宫室。其正殿是太极殿。太极殿共 12 间，象征一年 12 个月，两旁有东西二堂。太极殿的两侧有东、西二堂，是皇帝接受朝见、举行宴会和处理日常政务的地方。太极殿后是显阳殿，是皇后的居室。建康宫南面正中的大门叫"大司马门"，又称"章门"，凡是给皇帝上奏章的人，都要跪拜在那里听候回音。大司马门前有一条宽广的东西向横街，位置大约在今珠江路的南侧。横街东面有通向都城的建春门，门外就是著名的青溪；西南面有通向都城的西明门。从大司马门南出，经约1千米长的御道到都城的南面正门——宜阳门。御道的两侧开有御沟，沟旁都栽种着槐树和柳树。从宜阳门再向南，又是一条约2千米长的御道，就是东吴时的苑路，可以直达秦淮河畔的朱雀门。朱雀门有三个城门，城门上建有高大的城楼，最高的一层叫朱雀观，用两个铜雀作为标志，门楣左边刻龙，右边刻虎，作为装饰。它的整个布局既沿袭了东吴的旧制，又参考了西晋洛阳都城的式样。

随晋室避乱南渡的北方人，为数在百万以上。据《晋书》等史籍所载，在北方分割成十六国期间及其前后，中原南迁人口达八分之一，占南方人口的六分之一。这一次人口大迁移，进一步提高了南方的生产水平，也促使中国文化重心南移，建康都城中有很多南渡的学士文人。为了安置北方流民，东晋采取"侨置郡县"的办法，为南渡者划一块地方，仍以北方原来郡县命名，并免其租调赋役，以求安定、复苏。建康地区聚集了很多北方大族，以今之南京市之辖区而言，就先后设置12个侨郡，33个侨县。都城内外，挤满了北方人，数量多过原籍。南风北俗由共处而融合，连方言也大为改变，唐代张籍有诗，"北人避胡多在南，南人至今能晋语"。南京从吴语方言区，逐渐演变为北方方言区。这对后世南京社会发展影响久远。从此，建康城不再是单纯的江南城市，逐渐形成集南北风格于一体的新的全国性大城。

南朝风雨满建康

东晋末年，发生了东晋时期规模最大的一次农民起义，即孙恩、卢循起义。王、谢大族的首脑人物纷纷被杀，世家大族的势力遭到沉重打击。这支起义军一直打到建康近郊，虽然在"寒族"出身的刘裕等"北府兵"将领的一再打击下，起义军失败，但是东晋政权经过这次农民起义以后，已摇摇欲坠。

元熙二年（420 年），刘裕代晋立宋，史称"刘宋"，标志着南朝的开始，其后的齐、梁、陈相继"受禅"而立国，四代共历时 169 年，都以建康作为都城。南朝四代虽然都是短命王朝，却成就了历史上所称颂的"六代豪华"，建康城得到了进一步繁荣。

刘宋在建立初期，统治者历行节俭，出现了"元嘉之治"的繁荣局面。

经过刘裕以及其子刘义符和刘义隆、其孙刘骏几代，国力昌盛，国政修明，开始有能力修整宫室了。如新建了太子居住的东宫，又在台城新辟两座雄伟的城门——万春门和千秋门。最豪华的要数孝武帝大明年间（457—465 年）修建的玉烛殿和紫极殿。这两座宫殿的奢华程度，被世人叹为"江右所未有"。

宋朝还修建了不少皇家园林。如宋文帝时，曾在城外北面玄武湖中建有方丈、蓬莱、瀛洲三座神山，又在城内东北华林园中修筑景阳山，并将玄武湖水引入华林园内的天渊池，通向宫中，经太极殿出东西掖门而引到宫城南面。又在城外东北郊将北部坛移出覆舟山外，筑成北苑，又称乐游苑。

刘宋末年，统治集团内部矛盾重重，为了争夺皇位，互相残杀，加上各地农民起义、地方割据，最终导致刘宋的灭亡。

刘宋昇明三年（479 年），刘宋大将萧道成在掌握朝中大权后，胁迫宋帝"禅位"，改国号为齐，史称"南齐"。

齐建元二年（480 年），高帝下令把外城土墙改为砖墙，这样，建康城不仅外观整齐，而且结构牢固，更加雄伟壮观。东昏侯统治时期，又大兴土木，修建了仙华、神仙、玉寿等殿，穷极绮丽。这些宫殿的豪华程度不亚于刘宋时的玉烛殿和紫极殿。萧齐统治者继续在宫城里兴建了许多园林。这些园林的修建，客观上促进了我国园林建筑艺术的发展。

萧齐政权后期因内部权力斗争激烈而分崩离析，齐中兴二年（502 年），萧道成的族弟、雍州刺史萧衍在襄阳起兵，攻占建康，取得政权后建立了梁朝。

建康城在梁武帝统治时期达到极盛。东晋初年时，建康人口约 4 万户，到梁武帝时增至 28 万户，人口已经超过百万。随着人口的增加，建康城市规模也日益扩大。西至石头城，东至倪塘，南至石子岗（雨花台），北过蒋山（紫金山），东西南北各约 17 千米，其繁华可想而知。

同时，商业也大大发展起来，除原有的大市、东市、北市之外，还有小市 10 多处，同时出现了以交易一种货物为主的市场，如牛马市、纱市等等。

梁武帝对宫阙也进行了大量兴修。梁天监七年（508 年）在宫城端门、大司马门外，修建神龙阙、仁虎阙，又在越城的南面新修建了国门。天监十一年（512 年），扩建太庙。在宫城内，又修建了太极殿，同时建起第三重宫墙，东、西两面新开万春门、千秋门。

经过梁武帝这一番新建改建，建康都城形制逐渐周正，融汉魏传统与江左所创于一体。建兴苑就建于天监四年（505 年），位于建兴里，今集庆路一带。

太清二年（548 年）发生的侯景叛乱，使富庶的江南地区"千里绝烟，尸骨堆积"，建康城也残破不堪。侯景本是鲜卑化的羯人，占据建康之后，先是独揽朝政，后来干脆自称皇帝，国号汉，仍以建康为都城。这是南京历史上仅有的少数民族建都的记录。侯景汉国只存在了4个月，即被梁将王僧辩、陈霸先攻破。侯景叛乱后，建康城元气大伤，不复有从前的繁荣。

陈霸先于梁太平二年（557年）十月"受梁禅"，登上帝位，国号陈，改元永定。陈建国之初，一面笼络江左豪族，以恢复江南经济，一面征伐北齐，以收复淮南失地，使政权逐渐得以稳固。建康都城也在兴工复建之中。

陈建元二年（558年）新建太极殿；太建七年（575年）改建第二重宫墙和云龙门、神虎门。陈后主至德二年（584年）在光昭殿前修建临春阁、结绮阁、望仙阁。在"侯景之乱"中焚毁的太子东宫，在太建九年（577年）也重建完工。陈宣帝又在都城西面的宣阳门外为文皇后修建了安德宫。

陈末代皇帝陈叔宝，虽是个荒淫的皇帝，却是一个精通音律的曲作家：一曲《玉树后庭花》，历代都说是"亡国之音"，但隋文帝灭陈后，听完陈宫乐队演奏的此曲，不禁感叹"此华夏之正声"。

陈祯明三年（589年），隋两路大军攻入建康。后主陈叔宝带着两个心爱妃子张丽华、孔贵嫔躲进了皇宫后苑的景阳井，被用绳子吊上来当了俘虏，陈代灭亡。

南朝四代虽然存在的时间都很短，但是在文化方面却出现了一个发展的新高峰。刘宋开国皇帝刘裕曾两次率军北伐，一直打到失陷已达百年的长安城，收集了大量落入后秦的图籍文物运回建康。经刘裕收集后，整理编目，刘宋初年官方《四部目录》所录藏书，已有6万多卷。正因为历代图书汇集于建康，宋文帝元嘉年间（424—454年）才得以开设儒、玄、文、史四学馆，在建康进行了中国文学的第一次大总结。南朝乐府，开唐诗宋词之先河。齐、梁时期成书的文学理论宏著，就有刘勰的《文心雕龙》和钟嵘的《诗品》等，开创了中国文学批评的新纪元。梁昭明太子萧统编成了中国最早的古代诗文选集——《昭明文选》，精选了周秦以来1000多年间的700篇代表作品。这些成就，对后世的文学发展贡献重大。南朝四代，精心撰著的史书也相继面世。后汉史曾有13种，其中以刘宋元嘉时范晔所撰《后汉书》评价最高，有范书既成，以前诸史俱废之说。今天通行本二十四史中的《后汉书》，即范书与梁代刘昭增补十八志的合刊本。晋时陈寿撰《三国志》，已称良史，到元嘉年间，裴松之据重归图籍220种，为之作注，"兼采众书，补注其阙"，注引史料的价值高过陈寿本书。后世史家评论："与其称注史，毋宁说补史。"沈约的《宋书》、萧子显的《齐书》也都是"南朝四史"中的佼佼者。

南朝是个思想解放、学风自由的历史时期。讲学之风既盛，又能冲破两汉师儒谨守章句的束缚，提倡"研窍义理，疏析旨趣"，"所持当理，不耻折服"。讲学时，"师居高座，听者列席"，即使是皇帝听讲也不例外。由此培养出了一批优秀的人才。齐梁之时，针对佛教盛行，范缜发表了《神灭论》，用无神论开展尖锐批评。竟陵王萧子良在其西邸召集僧人与范缜辩论，范缜不畏权贵，依旧"危言高论"驳斥有神论。

山水诗，是南朝对诗歌发展的一个重要开创。魏晋玄言诗"平典似道德论""淡乎寡味"，至宋齐时，谢灵运、谢朓独辟蹊径，以清新的意境、秀丽的笔调，歌颂自然，寄情山水，冲破了玄言诗的压抑沉闷，而开唐人绝句先河。李白就很钦佩谢朓的诗作，并在《金陵城西楼月下吟》中抒发情怀："解道澄江净如练，令人长忆谢玄晖。"建康吸引了全国各地的才俊之士，刘宋时所设的学术研究机构总明观，就汇聚了文学家、史学家、科学家等达千人之多，造就了一个文化灿烂的时代。六朝古都南京虽然只控东南半壁河山，但在大力恢复与发展社会经济的基础上，文化教育科技事业蓬勃发展，其成就独领风骚，灿烂辉煌。在文学、哲学、宗教、数学、化学、绘画、书法、雕塑与军事等方面皆有许多重大发明或重要进步。除上述文学、史学、哲学及诗歌等方面外，在科技方面，祖冲之首创的圆周率，精确到小数点后的第七位，被世界公认为"祖率"，领先欧洲1000余年。六朝时期兴起的炼丹术，发现汞物质的化学分解，也比欧洲早了1000多年。当时，建康的园林建筑技艺也取得了重大进展。

在汉唐两大统一王朝的文化盛世之间，"偏安江左"的六朝崛起一座"继汉开唐"的文化高峰。"六代豪华"备受称颂，首先就数这一方面。西欧史学界认为，"六朝时期的中国建康（南京）文明，可以和西方古罗马文明相比"。在世界上其他文明古国的文化均遭断裂的情况下，中华文明虽遭受社会激烈动荡的冲击，却因为六朝的存在和稳定而没有断裂，并得以延伸和发展，"六朝古都"南京显示了其突出的历史作用，功不可没。在这段国家分裂、动荡的历史过程中，以南京为中心，以汉族为主体的六朝文化，依托较为稳定的南方各地，在继承两汉文化的深厚基础上，为后来盛唐文化的兴起奠定了坚实基础。

南朝又是佛教狂热的时期。赤乌十年（247年），吴大帝孙权在建业城为西域僧人康僧会建造了第一座佛寺，即长干里西南的建初寺，并且建造了江南最早的一座宝塔——阿育王塔。至南朝，尤其是梁武帝大力倡导佛教，建康城内佛寺猛增至 700 多所，僧尼达 10 余万。连梁武帝自己也四次"舍身出家"于建康宫北门外同泰寺。佛寺之中，著名的高座寺、道场寺、栖霞寺等，都是高僧译经之处，以东晋和刘宋时期的我国高僧法显、宝云和从印度来的佛驮跋陀罗等人的贡献最大，是在建康从事佛经翻译和中外文化交流事业的代表人物，在中国佛学史上占有重要地位。晚唐诗人杜牧在《江南春》一诗中写道："千里莺啼绿映红，水村山郭酒旗风。南朝四百八十寺，多少楼台烟雨中。"其中"四百八十寺"这一数字，并非出于诗人的夸张。南朝建康都城佛寺众多，与北魏首都洛阳的佛教盛况不相上下，反映了在中古时代，由于社会动乱，战事频仍，加上统治阶级的倡导，我国南北两地佛教广泛流行。

隋军平陈后，隋文帝唯恐南朝势力再度发展起来，下令将建康城宫室全部荡平铲除用于耕种。盛极一时的六朝古城被夷为平地。至此，建康作为汉末三国以来南北分裂时期"六代古都"的历史即宣告结束。

四、南唐江宁

——风流总被雨打风吹去

春花秋月何时了，往事知多少。小楼昨夜又东风，故国不堪回首月明中。

雕栏玉砌应犹在，只是朱颜改。问君能有几多愁，恰似一江春水向东流。

——（南唐）李煜《虞美人》

正如李后主的这首哀婉的词一样，南唐这个割据政权，在经历了短暂的繁荣后，很快消失在历史的风雨之中。

唐末藩镇割据，争战不休，形成北方"五代"、南方"十国"的分裂局面。"十国"中建都于扬州的杨吴王国，于南京设置金陵府，定为西都，派徐知诰（即后来南唐开国皇帝烈祖李昪）镇守，并重建金陵城池。南京的经济文化和城市发展，再度进入高潮期。杨吴天祚三年（937年），徐知诰废吴帝杨溥，登上皇位，国号大齐，年号昇元，定都金陵，改称江宁府。第二年，徐知诰改姓名为李昪，改国号为唐，史称"南唐"。南唐江宁府城横跨秦淮河，南接长干桥，北至玄武桥，东及白下桥，西抵石头山。南唐疆域包括今江苏省、安徽省大部，江西省全部和福建省一部分，为十国之中最大的国家。立国以后，休兵息民，奖励耕织，境内安定，府库充实，都城江宁也称得上富庶繁荣。可以说，南唐是金陵城市发展史上的一个小高潮时期，经过隋唐300余年的压抑，金陵重新成为长江下游的政治中心、经济中心。南唐在有限的时间和地域内，创造了丰富的物质和文化财富，促进了南方经济的普遍发展。五代十国之际是我国经济中心南移的重要环节。此后，长江流域成为我国经济重心之所在，南唐为这个过程的完成做出了贡献，且为宋元所继承，并为明代的南京奠定了基础。

宋太祖建隆二年（961年），后主李煜即位，此时南唐已处在风雨飘摇之中。宋太祖开宝七年（974年），宋将曹彬、潘美带领10万人军分水陆两路攻打南唐，很快就攻占金陵，南唐灭亡，南京作为都城的历史暂时告一段落。

五、明初定鼎南京城

太祖剑指石头城

明朝的开国皇帝朱元璋祖籍句容（属金陵地区）。他领导的义军在元末农民起义的群雄逐鹿中，成为军事实力最为强大的一支力量。洪武元年（1368 年），朱元璋攻下元大都，统一了中国，下诏其以金陵为南京，大梁为北京。洪武十一年（1378 年），朱元璋宣布废去北京，改南京为京师，正式定都南京，这是南京第一次成为真正的全国的政治中心，明王朝则是第一个立都江南而完成统一大业的王朝。

早在元朝末年，朱元璋起兵之时，儒士冯国用、陶安、叶兑等人就纷纷主张取南京而定天下。《明史·冯国用传》记载冯对朱元璋说："金陵龙蟠虎踞，帝王之都，先拔之以为根本。"朱元璋登基之后听从了儒士的建议，由刘基等人进行勘察，精心营建南京。

自元至正二十六年（1366 年）八月起，朱元璋下令动工建造应天府城（即明南京都城），至明洪武十九年（1386 年）十二月完成，历时20 年零 4 个月。

与此同时，朱元璋下令在应天府城的东部建造皇宫，建有内外两重城墙，外城称皇城，东西宽约 2 千米，南北长约 2.5 千米，周长约 9千米，平面呈"凸"字形，辟有 6 门；内城称宫城，俗称紫禁城，又称大内，平面呈正方形，周长 3.4 千米，建筑宏伟，庄严肃穆。

明南京城位置较六朝建康城故址向南迁移了不少，而把自古繁荣的秦淮河居民区、商业区包进了城里，这就是今天闻名远近的"十里秦淮"河段。城周长约 16 千米，比建康故城还大，包括今天南京城中部以南的范围，略呈方形。都城有 8 座城门，其中陆门 5 座、水门 3 座。南门即今中华门所在，明初改筑，称聚宝门；西门明初改建为石城门（今汉中门市民广场处）；龙光门明初改为三山门（今水西门处）。此 3 门都是明初兴建南京城墙时，在原来的南唐都城城墙的基础上增高加厚而保留下来的。都城北门，称玄武门，今珠江路西段北门桥路边所遗半座古桥，即南唐时北门外跨护城河大桥；东门在今白下路东端，大中桥即东门桥故址。南唐宫城在城中部，引青溪之水为宫河，称护龙河；宫城正南门前的虹桥，几经改建，即今内桥；向南是一条砖铺御街，即今中华路。南唐宫城今已不存，洪武南路一条大道，即当年宫城的南北中轴线，沿此轴线分布有延英、昇元、雍和诸殿。后主李煜在宫城偏东建澄心堂，作为藏书撰著之所，诸多传世词作，即出于此堂。

明南京城的整体布局

明南京城东傍钟山，南凭秦淮，西据石头（即清凉山、石头城），北控后湖（即玄武湖）。

明朝所造南京城有宫城、皇城、都城及外郭四道城墙。皇城区，位于南京城的东部，以皇城与宫城为主体，一系列的宫殿建筑都旨在突出皇权的"神圣"，是全国最高中央行署机构和大明王朝的核心区域，也是明初南京城的核心所在。

明南京皇宫规模宏大，布局严谨，可以说是后来北京皇宫的母版。明南京皇宫由内宫城和外皇城两部分组成，都坐北向南。宫城也称紫禁城，设置 6 座城门，分别为午门、左掖门、右掖门、东华门、西华门、玄武门。宫城内有前三殿和后二殿，都建在南北中轴线上。前三殿为奉天殿、华盖殿、谨身殿；后二殿为乾清宫、坤宁宫。其余大殿以中轴线为中心，对称布局。

明南京宫城的正南第一座城门是承天门（位于今南京城外五龙桥偏北，现无存），沿着承天门向北的中轴线分别建有端门和午门。午门，因其在宫城大门前两侧建有楼台，故又称"阙门"，或称"观门"，其地位和作用超过宫城中其他任何一座城门。因此，从功能上说午门是明宫城（即"大内"）的正门。

"午门"一名，被冠于宫城正门，始见于南京，之后，为明、清两代北京宫城正门所沿袭。午门（包括宫城）建成于元至正二十七年（1367 年），仅过了 10 年，朱元璋就下令重新修建宫城及午门。重建的宫城，不仅规模更宏大，而且还增修了一些建筑，这当然也包括了午门。重建后的午门，包含午门两翼的"阙"和五个拱门：中间三门，在东、西两阙的外侧分别为左掖门、右掖门。

宫城之外为皇城，设置四座城门，正南门为洪武门，正对正阳门。东为东安门，西为西安门，北为北安门。皇城，是护卫宫城最近的一道城墙，环绕宫城而建。永乐年间（1403—1425 年）拓宽皇城的西面城墙范围，致使西华门至西安门的距离要比东华门至东安门的距离长一倍左右，平面呈倒"凸"字形。

都城，是护卫皇城的城墙，它的周长约 33 千米，城墙高达 14—20 米，城基宽 14 米左右，顶宽 4—10 米，全部采用条石及大块城砖砌成。皇城东北两面约近 5 千米长的一段城墙采用砖实砌而成，其他地段是用土墙外包砖石砌成。城墙上共设垛 13000 余个。有城门 13 座，都设瓮城，其中聚宝、三山、通济3座城门有三重瓮城（即四道城门），防守非常坚固。这13座城门，分别为：正阳门（今光华门）、通济门、聚宝门（今中华门）、三山门、石城门（今汉西门）、清江门（今清凉门）、定淮门、仪凤门、钟阜门、金川门、神策门（今和平门）、太平门和朝阳门（今中山门）。

城内平面布局大体上可分为三区，即军事区、商业区和行政区。

军事区位于全城西部，即紧邻玄武湖的城墙以西地区。这里有10多个军卫和军仓。

商业区位于全城中部和西南部，即旧城区和秦淮河沿岸。这一带人口稠密，交通方便。店铺多沿街道布设，城中部的成贤街、北门桥，城南部的大中桥、镇淮桥、聚宝门、三山门、石城门一带，都是热闹的去处。

城东部的钟山的南面就是皇城、皇宫所在地，皇城之南御道东侧为五部（礼、吏、兵、工、户），西侧为五府，即五军都督府（左、右、前、中、后），只有刑部、都察院在京城北门太平门外以西地区，不在城内。

由于明南京城有明显分区，功能各异，街道布局也就各有特点。当时的街道为分三等，即官街、小街、巷道。

南京城的居民区称为坊，基本上按职业分类居住。仅城南18坊中，就居住有10余万手工业工人，包括织锦坊、鞍辔坊、弓匠坊、箭匠坊、铁作坊、银作坊、毡匠坊、杂役坊等。当时街道两旁大多建有"官廊"，裱画廊、珠宝廊、红纸廊、明瓦廊等种种"专业街"街名，沿用至今。明代一幅《南都繁会图》，所绘城南三山街的各种店铺招牌就有109种，可见南京工商业的繁盛。1595年，意大利传教士利玛窦来到南京，就惊叹南京比他所见过的所有欧洲城市都好，是世界上最美好、最伟大的城市。

全城由附郭县上元（管东北部）和江宁（管西南部）两县管理。明代南京城还设置五城兵马司，目的是"巡捕盗贼，疏理街道、沟渠及囚犯火禁之事"，后来还兼理"市司"，永乐以后才专门管理"刑名盗贼，如两京知县"。五城兵马司管理的事情很多，接近于今天的市政机关。中城兵马司在内桥北（城中部），东城兵马司在太医院南（皇城东南），西城兵马司在三山门外，南城兵马司在聚宝门外，北城兵马司在鼓楼北（神策门西南）。

在都城的外围还有一道土城，即外郭城，长约60千米，明初设郭门16座，后又有所增减而成18座，当时关于南京城门有"里十三，外十八"的民谣。外郭城大抵依山而建，将紫金山、雨花台、幕府山等山丘都包括在内。外郭的形状呈菱形：最北面的城门为观音门，最东面的城门为麒麟门，最南的城门为夹岗门，西边的外郭城墙没有形成合围，留下的南北豁口分别延伸至长江边。外郭利用丘陵山冈的有利地势建造，墙体以构筑土墙为主，所以有"土城头"的俗称。外郭的建造，主要出于军事防御的考虑。

南京是明王朝的文化、教育中心。洪武年间设在鸡笼山南麓的国子监，就是一座"大学城"，监生最多时近万人，日本、高丽、暹（xiān）罗各国都派来了留学生。监生入学，必须进修外文，为我国大学设外文课程的开端。永乐年间，在国子监动用2000多人，耗时6年，选辑七八千种各代图书，编成一部空前的百科全书《永乐大典》，共2.29万余卷，3.7亿字。未及印刷出版，只手抄一部，藏于南京文渊阁，至嘉靖、隆庆年间，又按永乐时所缮正本，抄摹一部副本。正副两部后来都收藏于北京，八国联军侵入时曾大肆掠劫。20世纪60年代中华书局尽力收集，只得到730卷残本，影印出版。近年史家考证，遭到外国侵略军掠劫之灾的乃是副本；《永乐大典》正本可能深藏于明十三陵的某一座地宫之中，这引起了学术界极大关注。

南京国子监又集中了宋、元以来的刻版，大量编辑出版书籍，以印刷精良而为后世所珍，称为"南监本"。朱元璋从浙、闽调集来大批雕刻、印刷工匠后，南京不仅官营印刷业强大，民间印刷业同样兴盛。李时珍著《本草纲目》52卷，就在南京印刷出版，书中1100多幅药物图形，准确精妙，为世人所推崇。明中叶以后，饾版彩色套印技术又在南京兴起，复杂的套色版，要印刷六七十次，可达与原画惟妙惟肖之境地。

明代南京科学技术，在许多方面有创纪录的成就。造船业集中在今下关三汊河一带的宝船滩。龙江船厂所造宝船，大的"长四十四丈，宽十八丈，树大帆十二，可乘千人"。如果没有当时领先于世的造船技术，也就不会有郑和七下西洋的伟大业绩。明代天文历法的研究，也在历代基础上有新的成就。洪武十八年（1385年）在鸡笼山南朝司天台原有基础上，扩建成国家天文台，将徐达攻克元大都时运回南京的著名天文学家郭守敬制造的各种天文仪器用于观象研究。这座天文台，比英国格林威治天文台还早290年。同时在雨花台上，又建了一座钦天回回监观象台，吸收阿拉伯天文研究成果，兼容并蓄，博采众长。明代建筑技术方面，历经600年风雨仍巍然屹立的南京城墙和居全国之冠的无梁殿，至今仍显示其高超的技艺。无梁殿从基到顶全部采用砖砌而成，未用一钉一木，五楹三进，高大宏伟。

明孝陵位于钟山南麓独龙阜玩珠峰下，是明太祖朱元璋和马皇后的合葬墓。明孝陵始建于洪武十四年（1381年），次年马皇后去世，即葬于此；洪武三十一年（1398年），朱元璋病故，启用地宫与马皇后合葬。至永乐十一年（1413年）建成了大明神功圣德碑，建陵工程才告结束，前后历时32年，动用10万军工，耗资巨大。

明孝陵占地宽广，北倚钟山主峰，南抵孝陵卫，东起灵谷寺，西至城墙，纵深2.62千米，陵墙周长达22.5千米。孝陵的总体布局分为两大部分，前段为导引部分，由下马坊至文武方门，其神道长度达2400米，依次为下马坊、大金门、神功圣德碑亭、御河桥、石象生、石望柱、武将、文官、棂星门、金水桥，直至文武方门。后段为陵园的主体部分，在文武方门至独龙阜的南北中轴线上，依次有孝陵门、孝陵殿、内红门、方城明楼、宝城、宝顶，地宫即位于宝城之下。

孝陵在明代为禁区，守卫部队官兵达5700人，其总部就设在孝陵卫；孝陵内还设有"神宫监"，由亲信太监值勤。陵区内种植松树万株，养鹿千只，每只鹿的颈部都挂有银牌一块，后人有诗云："孝陵云黯万株松，叶叶冰霜树树龙。更遣奚官豢千鹿，芝田瑶草护春茸。"孝陵地面木结构建筑大多毁于清咸丰三年（1853年）的清军与太平军之战，但总体布局依然完整，大量石刻及建筑基础至今犹存。入口处的下马坊为一座二间柱的石牌坊，旁边为嘉靖十年（1531年）所立的"神烈山碑"及崇祯十四年（1641年）所立保护孝陵的"禁约碑"。"神功圣德碑"碑的顶部已毁，但四壁坚厚，丰碑高耸，俗称"四方城"。神道石刻6种12对共24件，依次为狮、獬豸（xiè zhì）、骆驼、象、麒麟和马，每种两对，一对仁立，三对蹲坐。石望柱一对，武将、文官各两对，均南北成行，东西相对。石刻朴实细致，纹饰精美，是明初艺术品的代表作。前人有"石马嘶风翁仲立，犹疑子夜点朝班"之咏，生动形象地再现了明太祖生前仪仗的场面。明孝陵主体建筑毁损严重，孝陵门仅存须弥座台基和柱础，清代在此改建碑殿，立有清康熙三十八年（1699年）清圣祖玄烨南巡谒陵时所题"治隆唐宋"等5座石碑。孝陵殿也已被毁，但殿基长达57.30米、宽26.60米，台基上有大型柱础56个，台基四角有石雕螭首（古代碑刻、庭柱、殿阶及印章等上面的螭龙头像），前后有浮雕云龙山水大陛石6块，仍可让人想象当年建筑的宏大规模及庄严气氛。

明孝陵为全国重点文物保护单位。北京时间2003年7月3日23时58分，在法国巴黎举行的第27届世界遗产大会上，明孝陵被一致通过列入"世界遗产名录"，实现古都南京没有"世界文化遗产"项目这一"零"的突破，实在是古都南京的盛事，也为中华民族增辉。

朱元璋去世后，传位于皇太孙朱允炆，为建文帝。建文帝为消除各地诸王的威胁，开始实行"削藩"。建文元年（1399年），燕王朱棣在北平以"清君侧"为名，发动"靖难之役"。建文四年（1402年），朱棣大军攻占南京。不久，朱棣正式登基，改年号为永乐，定都南京，将北平改名为北京，作为陪都。永乐十九年（1421年），朱棣下令迁都北京，自此，南京作为明朝国都的历史画上了句号。

六、太平天国定都天京

清道光三十年（1851年）十二月，以洪秀全为首的太平天国起义在今广西省贵港市桂平县金田村爆发，并很快建立了自己的政权——太平天国。起义队伍很快由广西北上，转战湖南湖北，并于咸丰三年二月（1853年3月），攻占南京城，天王洪秀全宣布定都南京，并改南京（也称金陵）为天京。

太平天国定都天京后，为了适应新的需要，对原有建筑进行了大规模的改建和扩建，使天京成为由天王府和七王府等重要建筑组成的辉煌都会。

天王府是在清朝两江总督衙门的基础上改建的。其范围南至今大行宫南面的利济巷和科巷，北至浮桥、竹桥，东至今长江后街的黄家塘，西至今长江西街。

天王府分内外两城。内城叫金龙城，外城为太阳城，城墙有6米多高，太阳城方圆约5千米，外有护城河。

金龙城的正门有两道，第一道为圣天门，门内左右两侧各建有朝房，分内外三层。第二道门叫忠义门。忠义门内就是正殿，名为真神荣光殿，又称金龙殿或龙凤殿。正殿建筑宏伟，梁柱上都雕刻着龙凤彩画。柱上的蟠龙据说是用真金做成。正殿后面又有两殿，这两座殿后面为后宫，有房屋多至千数百间。

后宫后面则为后林苑。后林苑东西各有一个池塘，池中各建石舫一座，长20多米，宽6米多，上建木楼。传说天王洪秀全经常到此休息，也曾在石舫上召开过重要的军事会议。

天京城除了天王府外，其他七王也都各自建有宏丽的王府。东王杨秀清的东王府即今太平天国历史博物馆，西王萧朝贵的西王府位于水西门内，南王冯云山的南王府位于西南凤台山下的花露岗下，北王韦昌辉的北王府位于今白下路，翼王石达开的翼王府位于今朝天宫东，燕王秦日纲的燕王府位于今白下路西面升平桥一带，豫王胡以晃的豫王府位于今内桥西南。

同治三年六月（1864年7月），天京被清军攻陷，天王府被湘军洗劫一空，曾国藩下令放火烧毁了天王府。至此，太平天国运动以失败告终。

七、古代诗人眼中的金陵

金陵是南京的古称。它是十朝帝王的故都，也是文人墨客怀古泼墨的地方。六朝时，在繁荣的秦淮河畔、乌衣巷口、朱雀桥边，处处都散发着浓浓的金粉气息，谢灵运、刘勰、王羲之父子等文人雅士也齐集于此，可谓是文人荟萃。所以历代描写六朝金陵的诗词歌赋也就特别多，多得让人一提起金陵就想起诗篇，觉得整个金陵都浸染在诗情画意的佳句名篇里。

1. 烟笼水月秦淮河

秦淮河是孕育南京古老文化的渊源之地，她使"六朝古都"成为"江南锦绣之邦，金陵风雅之薮（sǒu）"，可谓世世皆有灿烂美景，代代皆为繁华盛地，造就了经久不衰的金陵文化，在历史的长河中灿若星辰。

秦淮河是长江的一条支流，古名淮水，本名"龙藏浦"。相传秦始皇东巡时，望金陵上空紫气升腾，以为王气，于是"凿方山，断长垅为渎，入于江"，后人误认为此水是秦时所开，所以称为"秦淮"。

秦淮河是南京古老文明的摇篮，远在石器时代，流域内就有人类活动。从东水关至西水关的沿河两岸，东吴以来一直是繁华的商业区和居民地。

从南朝开始，秦淮河成为名门望族的聚居之地。两岸酒家林立，浓酒笙歌，无数商船昼夜往来河上，许多歌女寄身其中，轻歌曼舞，丝竹飘渺，文人才子流连其间，佳人故事留传千古。

六朝时，秦淮河及夫子庙一带更成为文人墨客的聚会胜地，河畔的乌衣巷、朱雀桥、桃叶渡纷纷化作诗酒风流，千百年来传于后世。乌衣巷更是六朝秦淮风流的中心，东晋时曾经聚居了王导、谢安两大望族而名满天下。

隋唐以后，渐趋衰落，却引来无数文人骚客来此凭吊，咏叹"旧时王谢堂前燕，飞入寻常百姓家"。

到了宋代，由于儒学鼎盛，江南贡院成为我国古代最大的科举考场，于是秦淮也逐渐成为江南文教中心。

明清两代，是十里秦淮的鼎盛时期。富贾云集，青楼林立；画舫凌波，桨声灯影构成一幅如梦如幻的美景奇观。明太祖朱元璋下令元宵节时在秦淮河上燃放小灯万盏，秦淮两岸，华灯灿烂，金粉楼台，鳞次栉比，画舫凌波。在清代，江南贡院考区高中状元者多达58人，占清代状元总数的一半以上。明清两代名人，吴承恩、唐伯虎、郑板桥、吴敬梓、翁同龢（hé）等均出于此。

清末民初，内秦淮河日渐式微，繁华不再，直至新中国成立后，政府对秦淮河进行了大规模的疏浚治理，重点开发了秦淮风光带，古老的秦淮河才重新焕发青春。

千百年来，秦淮河哺育着古城金陵，"锦绣十里春风来，千门万户临河开"，夫子庙附近的河房是绮窗丝幛，十里珠帘，灯船之盛，甲于天下。

在唐代诗人中，杜牧的《泊秦淮》一诗，千古流传，代代相诵，几乎成了秦淮河的千古绝唱。

泊秦淮

（唐）杜　牧

烟笼寒水月笼纱，夜泊秦淮近酒家。

商女不知亡国恨，隔江犹唱《后庭花》。

诗人借用秦淮河畔酒楼上的歌女之口，唱的是陈后主的亡国艳曲《玉树后庭花》，抒发了诗人自己的愤怒心境。

2. 悠悠古风乌衣巷

中国古都不下 200 座，每一座古都里又都有成千上万条大街小巷。这些古老的小巷诠释着历史，也沉淀着厚重的文化内涵。但是，还没有哪一条小巷有金陵的乌衣巷那样的魅力。这不仅因为它有 1700 多年的巷龄，更重要的是，从古巷里走出了一大批风云人物和文学、艺术大家，以及在古巷里发生过的许多美好和悲惨的故事。

乌衣巷历史悠久。据志书记载，其名源于三国时期。赤壁之战，孙刘结盟大破曹军，奠定了三分天下的局面。黄龙元年（229 年），孙权称帝，国号"吴"，史称东吴，孙权将都城由武昌迁到南京，取"建功立业"之意，将南京改为建业。当时，孙权的兵士们都是穿黑衣，驻军之地就称为乌衣营。

关于古巷为何名为"乌衣"，还有这样一个美丽的传说：金陵人王谢世以航海为业。有一天在海上翻了船，他抱着一块木板漂到了岸上，一对老夫妇将他领到家中，告诉他说，这里是乌衣国，并将自己的女儿许配给他为妻。后来，他因想家，便乘一艘云轩号海船离开了乌衣国。到家之后，看见两只燕子栖于梁上，他以手招之，燕子即飞到他的肩上，燕尾上系有一张小纸片，上面写有一首诗："误到华胥国里来，玉人终日苦怜才。云轩飘出无消息，洒泪临风几百回。"所以，他居住的那条巷子就叫乌衣巷。

乌衣巷之所以出名，是因为古巷中曾经住过的风流人物。这里曾住过两位著名的宰相，其一是辅佐司马睿建立了东晋王朝的王导，其二是指挥了著名的淝水之战，战胜了前秦苻坚百万大军的谢安。王谢二人及其后人在乌衣巷里居住了 282 年。王导出身中原著名的高级氏族，是著名的政治家，是东晋政权的创造者，司马睿依靠王导的支持才取得帝位。王导逝世后，谢安辅政，晋得以中兴。谢安年轻的时候住在今浙江省上虞县的东山，中年后才出山为官。成语"东山再起"指的就是谢安。

王谢两家无疑是乌衣巷的精华，其代表就是"王家书法谢家诗"。书圣王羲之从幼年就住在乌衣巷里。他 7 岁开始学习书法，先得其父王旷之学，后又拜叔父以及书法造诣很深的姨母卫夫人为师。长大后，他又转向临学众碑，博采众长，一变汉魏质朴书风，创造出流畅飘逸的书体。

以诗扬名的谢家，其代表人物是东晋末到齐梁之间的"三谢"——谢灵运、谢惠连、谢朓。其中谢灵运又是中国山水诗派的开创者，为中国诗歌的发展立下了不可磨灭的功劳。

宋代名相王安石早年也曾在秦淮河居住过，晚年又归居于此，因此对古朴的乌衣巷有着一种浓烈的感情。他的《桂枝香·金陵怀古》

一词，已成为千古绝唱：

　　登临送目，正故国晚秋，天气初肃。千里澄江似练，翠峰如簇。征帆去棹残阳里，背西风、酒旗斜矗。彩舟云淡，星河鹭起，画图难足。

　　念往昔，繁华竞逐，叹门外楼头，悲恨相续。千古凭高对此，漫嗟荣辱，六朝旧事随流水，但寒烟衰草凝绿。至今商女，时时犹唱，《后庭》遗曲。

　　据说，历代吟咏乌衣巷的诗词有数千首之多。在众多的诗词当中，刘禹锡的《乌衣巷》写得别具一格。他从朱雀桥来到乌衣巷时，见当年的朱门大宅已不是王谢两家的华堂，触发了他的灵感，以简洁的手法描绘了乌衣巷的沧桑变化，以朱雀桥边的野草花和乌衣巷口的一抹夕阳，勾勒了一幅荒凉冷落的画面，并借用燕子的眼睛，让人看到了一个风物依旧，人事已非的境界，勾起了人们对这条古巷的种种联想，读后品而有味，思而有得，令人扼腕叫绝！

乌衣巷

（唐）刘禹锡

朱雀桥边野草花，乌衣巷口夕阳斜。

旧时王谢堂前燕，飞入寻常百姓家。

　　王谢两家在东晋和南北朝时期，掌握着皇朝和地方实权的重要官员有数百人，其中有20几人成为皇后或驸马，可谓权倾江左。但世事无常，功过难论。帝王争位，自然也要祸及这些高门士族。元嘉三年

（426年），宋文帝下诏，以谋杀罪斩杀谢氏士族八人，谢家从此败落下去。

"淮水绝，王氏灭。"精通天文和卜算之术的尚书郎郭璞，曾向王导做过这样的预言。陈后主祯明三年（589年）正月，隋文帝杨坚次子杨广，率50万大军进攻陈朝，攻克建康时，隋军渡过淮水，河水堵塞不通。随着陈朝的灭亡，乌衣巷中的王氏门第失去了往日的风光。乌衣巷的繁华也随之烟消云散，如长江之水浩然荡去。

金陵见证了六朝的繁华兴衰。后来李白曾歌颂当年南朝的兴盛："地拥金陵势，城回江水流。当时百万户，夹道起朱楼。"又作诗云："六代更霸王，遗迹见都城。至今秦淮间，礼乐秀群英。地扇邹鲁学，诗腾颜谢名。"